鬼と権現

中世久留米の社会と宗教

古賀正美

海鳥社

まえがき

本書の内容は久留米大学での「文化経済特講」という講義で、学生に配布したプリントを原稿化したものが大半である。授業中に説明が混乱するなど、学生にとって面倒くさい話であったかと思うが、最後まで話を聞いていただいたことに感謝したい。

内容は久留米市内の国・県・市指定の文化財を取り上げ、その歴史的な背景などを説明するものであった。四年間という短くない期間を過ごす久留米の歴史・文化などについて知って、卒業してほしいこともあったが、大学を出て、生活していく地域を理解するために、各種の文化財を材料として考えることができるのではないかと伝える目的もあった。その授業目的が果たされたかどうか自信はないが、本書で、学生諸兄に伝えたかったことが少しでも表現できていればと思っている。

指定文化財には神社・寺院が所蔵するものが多いことから、本書の内容も寺院・神社に関係するものに偏っている。主に中世の指定文化財などを対象としたため、中世社会での宗教の持つ役割などを考えるものになった。

本書の内容については以下の通りである。一応、年代順に並べたつもりであるが、各章は独立しており、どこから読んでもらってもいいと思う。

第一章の「鬼と権現」だけは大学での講義ではなく、筆者が四十代の頃に書いたものであり、いつかさらに深めてみたいと思っていたものである。国史跡である御塚《おんつか》・権現塚古墳名に見える鬼と権現に焦点を当て、大善寺玉垂宮《たまたれぐう》周辺に集まる宗教者によって唱導された鬼の塚、権現の塚から、中世に生きた人々の精神世界の在り様を考えてみたものである。

第二章は重要文化財である『絹本著色観興寺縁起』について、鎌倉初期から戦国末まで、この地を拠点として活躍した草野氏との関係で理解しようとしたものである。草野氏の居館である吉野尾館《よしのおやかた》跡の復元を行い、この館は『観興寺縁起』の大事なモチーフとして描かれていることを明らかにして、この縁起作成の目的を草野氏の政治・宗教支配の視点から考えた。縁起を伝説に留めず、歴史を表現していると指摘できたと思っている。

第三章は久留米市及び肥前北部で二十四基ほど確認されている応永の地蔵菩薩彫像板碑《いたび》について検討したものである。この板碑の初源は久留米ではなく、肥前の千栗《ちりく》八幡宮周辺からであったことを述べ、その地の僧侶の活動がこの宗教運動を指導したことを明らかにした。さらに、応永年間（一三九四－一四二八）に盛行したこの地蔵信仰について、久留米地方に残る地蔵板碑の銘文の読解を通じて信仰集団（講）の実態の解明に努めたものである。この宗教活動は約三十年ほどしか継続しておらず、応永末年には衰退していくことを明らかにしている。

第四章で取り上げた善導寺では、平成十五（二〇〇三）－二十四年まで十か年をかけて重要文化財である善導寺大庫裏《おおくり》他六棟の保存修理事業が実施された。その際、復原に先立つ建物敷地の発掘調査が行われ、善導寺を防衛するため掘削された中世後期の大溝が発見された。この大溝の検出によって戦国期の善導寺の存在を戦争という視点からとらえ直すことができるのではないかと気づくことができた。

その戦争の具体的な現れが天正十二（一五八四）年の焼き討ち事件でないかと考えて、善導寺焼き討ち事件を検討したものである。焼き討ち事件については、意外であったが、日時や事件の概要などが確定していなかったため、まず全容の解明に迫る作業を行った。この検討により、善導寺焼き討ち事件は、善導寺が中世寺院から近世寺院に再生する契機となった出来事であることを論究した。

第五章は久留米市宮ノ陣町八丁島地区の久留米市指定無形民俗文化財である「御供納《ごくおさめ》」という行事を検討したものである。毎年十二月初めに同地の天神池に住む水神に御供を納め、災難から逃れるという祭事が行われる。この祭事とそっくりなことが江戸時代前期に筑後川の水神を祀る久留米市瀬下町《せのしたまち》に鎮座する尼御前社《あまごぜしゃ》（後の水天宮）で行われていた。この神事と八丁島のそれとはほぼ同じ内容であることから、八丁島の神事は筑後川の水神信仰を前提にしており、筑後川を舞台にした尼御前たちの活動の痕跡であることを述べたものである。

以上の五章は、中世に生きた人々の痕跡をたどり、中世人のこころの世界がどのようなものであったかを考える試みであった。それが果たされているかは心もとないが、中世に生きた人々の精神世界の一端を明らかにすることができたとすれば、本書の目的は果たされたともいえる。

筆者は中世史を専門とするものではない。中世社会についての基本的な理解が不十分なため過誤があり、多くの方から厳しい批判・叱責を受けるだろう。久留米地方の地域史を明らかにするため挑戦してみたものである。大方からのご寛恕とご教示をお願いしたい。

鬼と権現——中世久留米の社会と宗教◉目次

第二章　草野氏と『絹本著色観興寺縁起』

第三章　肥前・筑後地方の応永地蔵板碑の造立とその意義

第四章　天正十二年十二月の善導寺焼き討ち事件について

第五章　尼御前社と御供納

第一章

鬼と権現
——忘れられた霊場

はじめに

四十代前半に中野豈任《やすひで》著『忘れられた霊場　中世心性史の試み』（平凡社選書一二三、一九八八）を読み、深く感銘を受けた。筑後国でも同様な事例があるのではないかと思いつつも、なかなか発見することができないでいた。

ところが、職場で『史跡御塚《おんつか》・権現塚古墳』（久留米市文化財調査報告書第一〇一集、一九九五）に「古代・中世の御塚・権現塚古墳」を書く機会が与えられ、資料探しを行う中で、御塚・権現塚の両古墳は中野氏が提起された「忘れられた霊場」に当たるのではないかと考え始め、執筆したものである。当時と基本的な論旨は変わらないが、新しい知見もいくらか加えて再論するものである。

御塚・権現塚古墳と三潴郡司

寛延二（一七四九）年、久留米藩は藩内の各庄屋に村内の寺社・古跡・伝説・塚・祠《ほこら》などの報告を求めている。この書上（報告）は『寛延記』と呼ばれており、江戸中期に限定されるが、ほぼ藩全域を網羅した地誌的な性格を持っている。

この記録の中で三潴《みずま》郡大善寺村の庄屋により高良大明神（大善寺玉垂宮《たまたれぐう》）をはじめとして村内の十二か

所について報告がなされている。[1] その中で、現在、国指定史跡となっている御塚・権現塚古墳については次のように記される。

御塚（左）・権現塚古墳（右）
（久留米市教育委員会提供）

図１　御塚・権現塚古墳位置図
（国土地理院２万5000分の１地形図をもとに作成）

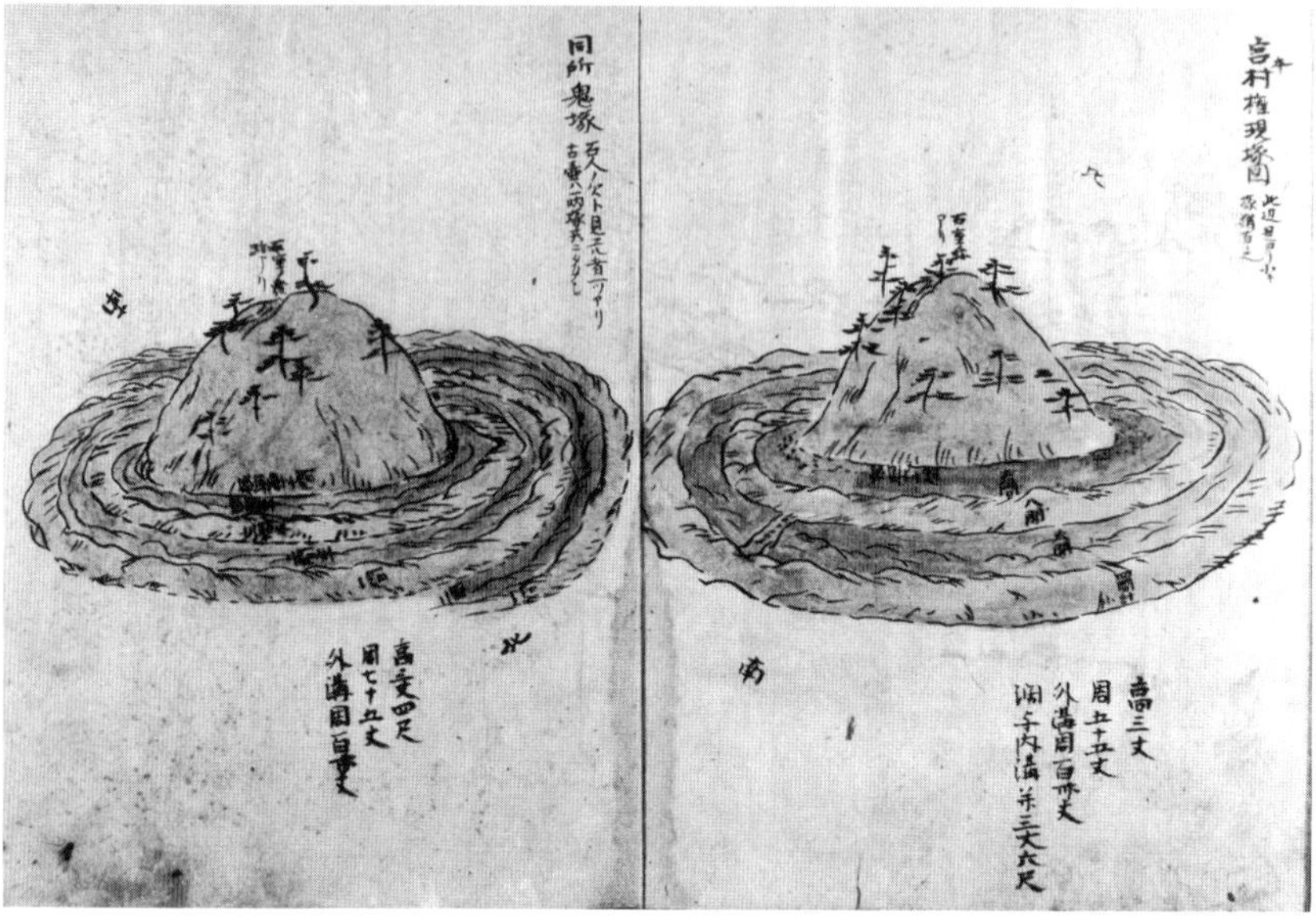

『筑後将士軍談（草稿）』に描かれた御塚・権現塚古墳（久留米市教育委員会蔵）

一鬼塚　大道筋より西ニ御座候、塚前々鬼塚と
　申伝候、開基年号相知不申候
一権現塚　鬼塚より北ニ御座候

御塚・権現塚古墳は、久留米市大善寺町宮本地区に位置し、江戸期には大善寺村を通過する、久留米から柳川までを走る柳川往還（大道）沿いにあった。御塚古墳は帆立貝式の前方後円墳で、権現塚古墳は円墳である。

御塚古墳は、幕末に久留米藩の史家である矢野一貞によって著された『筑後将士軍談』所収の古墳絵図には「同所（宮本村）鬼塚」と記録されており、江戸中期から幕末までは「鬼塚」と呼ばれていた[2]。寛延二年以前の史料は見出せないでいるが、この名称はかなり以前から使われていたと推測している[3]。この古墳は一帯を支配した古代氏族である水沼君《みぬま》一族の奥津城《おくつき》であることが、ほぼ忘れられた時期の所産とすることができよう。

なお、鬼塚は現在、御塚《おんつか》と呼ばれているが、この古墳を大正七（一九一八）年に御陵参考地として宮内省に申請する際に、「鬼」では差し支えがあるということで「御」塚と改称したとされている。(4)

三潴郡は古代から水沼君の本貫地であり、御塚・権現塚古墳は水沼君の奥津城とされている。この比定は間違いないと考えているが、水沼君の後裔たちの奈良・平安時代の姿は明らかになっていない。筆者は水沼君の後裔は律令制下で三潴郡司となったと推測しており、律令制の衰退とともに水沼君も没落を迎えたと考えている。

大善寺の近在の安武地区の発掘調査で、野瀬塚遺跡から「三万大領《みつま》」「大領」などの三潴郡に関係する官職名を記した墨書土器が出土し、官衙的性格を持つ掘立柱建物群が確認されている。隣接する安武今泉遺跡・坂本遺跡などでも同様の遺跡・遺物が確認されている。これらの遺跡は八世紀前半に建設され、九世紀前半に終焉している。(5)

また、三潴郡衙跡と推定される大善寺町道蔵《どうぞう》遺跡では大形の柱穴で構成される八世紀後半から九世紀初頭頃の郡庁の正殿及び脇殿・正倉などが確認され、ここでも「三万少領」「三万領」などの墨書土器が発見されている。これらの知見から、九世紀前半には郡司層の支配は動揺し、衰退に向かったといえる。(6)

郡司は古代以来の地方豪族の系譜を引くものであり、郡司の権威の低下により、祖先の墓であった御塚・権現塚もその伝統的権威を失うことになった。これらの古墳の元の名称は分からないが、新たに古墳名がつけられる契機になったであろう。郡司が自らの祖先の墓を「鬼塚」と呼ぶことがあるだろうか。また、新来の仏教思想である「権現塚」と改名することも考えづらい。これらの点から、三潴郡での郡司制の変質が始まる九世紀前半代以降に、これらの古墳名が成立したと考えられそうである。

鬼塚と鬼

まず、課題である鬼塚の名称について考える際に参考とすべき著作は、馬場あき子著『鬼の研究』であろう。馬場氏によって鬼の系譜は次のように分類されている。[7]

①日本民俗学上の鬼（祝福に来る祖霊や地霊）
②山伏系の鬼（天狗も含む）
③仏教・神道・修験道系の鬼（夜叉《やしゃ》、羅刹《らせつ》、地獄卒など）
④人鬼系（放逐者、賤民《せんみん》、盗賊など）
⑤変身譚系（怨念、憤怒、雪辱などの情念で鬼になる）

鬼塚古墳の呼称になる鬼の系譜は①の日本民俗学上の鬼（祝福に来る祖霊や地霊）と③の仏教・神道・修験道系の鬼につながると考えている。それついては本文で適宜触れていくとする。

鬼塚は全長七〇m、高さ一〇mの墳丘を持ち、三重の周濠がめぐり、これを加えると全長一二五mの規模を持つ。[8] これだけの規模の古墳を見た時に、その築造の目的や過程があいまいになってしまった段階で、その築造者について鬼という人を超える力を持つものと考えるのはありうることである。

鬼塚とは鬼が住む所、葬られた場所として伝えるもの、もしくは巨大な古墳そのものが人の力を超えたものという意識から鬼によって造られたとするなど、鬼に象徴される人知を超えた畏怖的な存在を意識させるものとして呼称された、とすることができそうである。

大規模な土木工事を鬼と関係づけて説明したものに、国指定史跡である高良山神籠石《こうごいし》がある。高良山には古代の山城跡である高良山神籠石が山腹をめぐるが、北麓に列石がない。これには次のような伝説がある。この山に鎮座する高良神が、一夜で山腹をめぐる列石を造り上げたらこの山をやると鬼たちに約束した。鬼たちはそれをやり遂げようとしたので、高良神は慌てて鶏を鳴かせて夜明けを知らせ、鬼を追い払ったため、神籠石には北麓に列石がないという。[9] これは先に述べた巨大な築造物への意識を反映する伝説であろう。

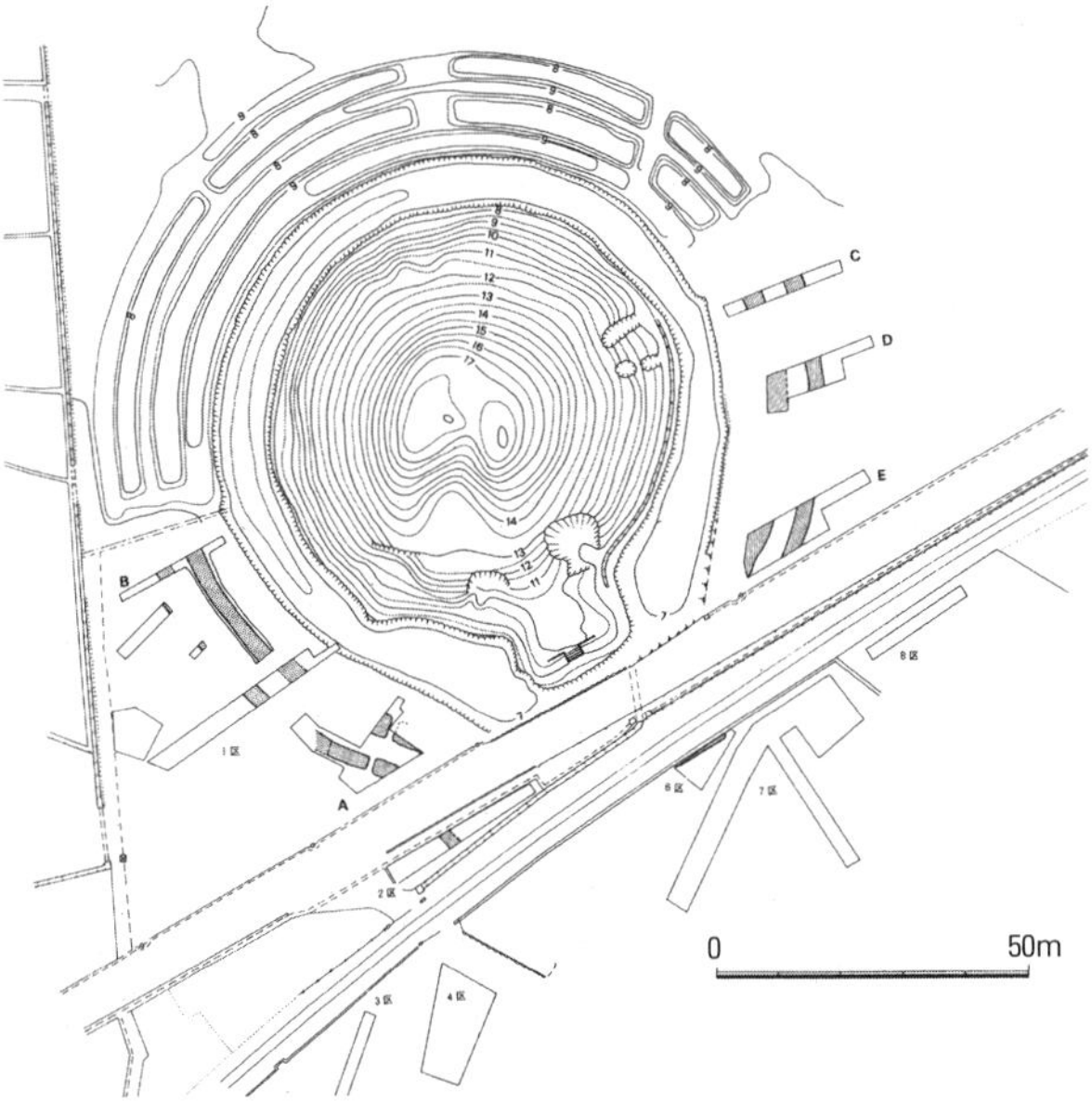

図2　御塚古墳実測図
（久留米市教育委員会編『史跡御塚・権現塚古墳』
久留米市文化財調査報告書第101集、1995より）

また、同じ神籠石式山城である岡山県総社《そうじゃ》市の鬼《き》ノ城《じょう》は『日本書紀』などに記載がなく、鬼が築いたものとされている。これも大規模構造物への思いが鬼と関連して語られる例といえる。[10]

江戸後期に上妻郡川瀬村（現八女郡広川町）に鬼塚があり、大善寺鬼会《おにえ》の時に鬼が来てこの塚に入ると伝えられている。[11] 鬼塚は鬼が隠れ、住まう所としてとらえられていたことを示す伝承であろう。この伝承から、鬼塚古墳は鬼が逃げ留まる地であった可能性があり、鬼塚と鬼夜《おによ》は密接な関係があることを想定させる。

文献に見える鬼夜

大善寺玉垂宮では毎年一月七日、国指定の無形民俗文化財である「鬼夜」が開催される。(12) 地元の記録である『吉山旧記』によると、仁徳天皇五十六（三六八）年一月七日、勅命を受けた藤大臣が、肥前国の桃桜沈淪《ゆすらちんりん》という悪党を、秘策を用いて討ち取り、その首を焼却したことに始まるという。(13)

毎年正月七日に行われることから、旧年の罪障と穢《けが》れの懺悔を行い、新年の天下泰平・五穀豊穣・万民快楽《けらく》を祈願する修《しゅ》正会《しょうえ》であり、(14) それに先の伝説が結びついたものであろう。六本の大松明が本殿をめぐる中で、ひそかに鬼が鬼堂から出て、境内の南を流れる広川（霰《あられ》川）で禊《みそぎ》を行い、神殿に人に知られず帰ることで祭りが終了する。鬼といいながら本殿に帰ることから、この鬼は玉垂宮の祭神そのものと考えることができる。(15)

この修正会について「御船文書」の貞和三（一三四七）年九月二十二日の年紀を持つ「筑後国三潴庄鎮守高良玉垂宮并大善寺仏神免田之事写」に寺家分として「壱町　正月七日修正免荒木村　鬼田」の免田

広川沿いに鎮座する大善寺玉垂宮

（年貢などを免除された田地）の記事がある。[16] 一月七日に修正会が行われており、この行事の費用を負担する免田を「鬼田」と呼んでいることが分かる。鬼田の表現から、この修正会が当初、鬼会と呼ばれ、それが夜に行われることから現在のように鬼夜《おによ》と訛って呼ばれるようになったと推測できるだろう。鬼夜の歴史は十四世紀前半までさかのぼることになる。この修正会の鬼は馬場氏がいう民俗学上の鬼（祝福に来る祖霊や地霊）と説明できるものである。

この修正会には「大善寺修正料米一石五斗」を荒木村が負担しているが、[17] この祭事が正月に歳神である祖霊をお迎えして、三潴荘の豊年満作と氏子の安全・繁栄を祈るものであり、三潴庄の惣鎮守である大善寺玉垂宮の重要な祭礼であったことを示す。[18] 鬼という存在が大善寺玉垂宮の祭祀に深く根ざしていたことが、鎌倉時代後期に確認できるのである。

鬼夜（久留米市教育委員会提供）

この祭礼名の「鬼夜」から、この大善寺玉垂宮を中心とする地区の歴史の中で、鬼という霊的な存在が深く意識される時期があったことが分かる。それを前提に、この古墳は鬼が築造し、そこに鬼が住むとし、あわせて、先に触れたようにこの鬼は玉垂神そのものなのだと唱導した人々がいたのであろう。これらの人々の唱導によって鬼塚の名称が成立し、ここに霊場としての鬼塚が成立したのであろう。

能に見る鬼

中世芸能である能には、鬼を主題とする作品がある。その中で、「黒塚（安達原《あだちがはら》）」はよく知られている。タイトルに「塚」が使用されているのに注意される。作者は不明であるが、寛正六（一四六五）年に観阿弥による上演があり、それが初演とされている(19)。

那智の東光坊の阿闍梨《あじゃり》祐慶《ゆうけい》なる山伏の一行が陸奥の安達原に行き暮れ、一軒の庵に宿を求める。庵の主人は糸繰りを生業《なりわい》とする老婆であった。老婆は一度は断ったが、山伏のたっての願いに迎え入れることになる。老婆は暖をとるために薪を取りに行くにあたり、決して閨《ねや》をのぞかないことを約束させる。しかし、不審を抱いた従者が中をのぞくと、閨には膿血腐爛《のうけつふらん》の人の死骸が山と積まれており、従者の知らせで山伏も閨を見て驚き恐れて逃げていく。この時点で、山伏たちはこの庵が鬼の住む黒塚であることを知るのである。それを見られた老婆は鬼女となり追いすがるが、山伏は必死に祈り、鬼はやがて調伏《ちようぶく》され、どこかへ退散していくという内容である(20)。

ただし、この能が演じられた時代には、人間から変じた鬼とは日常の表舞台からの放逐者ないしは逸脱者として存在しており、広範に出現するという日常性が残されていたことを示すものであろう。馬場氏がいう人鬼系もしくは変身譚系（怨念、憤怒、雪辱などの情念で鬼になる）として説明できそうである。

この能の黒塚の成立と唱導には天台山伏の宣布性があったとされ、この物語は験者の威力を人々に知らせる力を持つものとされている(21)。十五世紀後半になると、鬼は仏教の法力で押さえられるものとして考えられていたことになろう。この事例は鬼が、ある時代から仏教によって克服されていくことを表すのである。また、近世に至って鬼は滅びたという馬場氏の指摘は、鬼塚が持っていた霊場としての性格が、次第に変質・衰退していく過程を指摘するものとして印象的な言説である。(22)

「権現塚、鬼塚一条」の内容

鬼塚・権現塚について一九一〇年代の状況を伝える記録が残されている。この史料は近代のものであるが、江戸中期以降の両古墳の利用についても触れており、貴重な史料といえる。(23)作成者、時期は不明であるが、それを推測できる内容を持っている。以下、全文を紹介する。なお、表題は包紙にある記載であり、本紙にはこの記載はない。

権現塚、鬼塚一条（包紙）

一因ニ云、当社艮ニアタリ大塚二ツアリ、往古ヨリ御陵墓ト称ス、此塚南北相距ル事凡九十歩許、南塚ヲ御塚世俗ニ鬼塚、北塚ヲ権現塚ト云、高サ凡ソ五十歩、周リ凡ソ三百二十歩許二重ノ池塘アリテ之ヲ繞ル、当今ハ埋没〆唯其形勢ヲ存ス、権現塚高サ南塚ト同ク、周リ凡ソ、二百五十歩、二重ノ池塘アリ、水常ニ満ツ、夏日雨少キ時ハ、農民之ヲ導テ稲田ノ潤ト為ス、用水ニ導ク事百五十年以来ノ事ノ由、全塚松樹生殖ス、然ルニ昨年樹木伐採、禿塚トナル、塚上七分目南西ニ竈状ノ拝所アリ、百年前ハ岩戸ノ飾リアリシト、又皇子皇妃ノ陵墓ト称ス塚二ツアリ、世俗ニ長子塚ト云、中形ナリ、池塘ノ

繞リハナシ、中央ノ拝所等ハ大塚ト同ジ、其外近辺ニ古塚十二三アリ
（以下、朱筆）
右俚伝ニ云如ク、御陵墓ナル□ハ塚中薪ヲ採リ、落葉ヲカキ、或ハ漁場トナリ、水ヲ導キ、近民遊所トナリシ事恐縮ノ至リ、御覧査ヲ仰キ候ナリ
（傍線は筆者）

この史料はかつて明治初期まで大善寺の座主《ざす》であった御船家の文書中にあり、本文に「当社」とあることから大善寺玉垂宮の関係者の作成であることが推測される。さらに御塚・権現塚の陵墓指定の申請は大正七（一九一八）年に行われており、それに先立つものとして宮内省の現地調査は大正二年、同六年に実施されている。[24]「御覧査ヲ仰キ候ナリ」はその調査に関わるものと考えられるので、この史料の作成時期は大正二年から同六年までと考えられそうである。したがって、この史料は一九一〇年代の御塚・権現塚の状況を伝えたものとすることができる。

この文書には「塚上七分目南西ニ竈状ノ拝所アリ、百年前ハ岩戸ノ飾リアリ」という記述がある。墳丘上部に竈《かまど》状の拝所があり、百年前には岩戸の飾りがあったというのである。久留米市教育委員会による墳丘測量図では痕跡は確認できないが、この文書を信頼するなら、古墳に拝所があったことになり、古墳が祀られていたことを示すものとなる。

石室の盗掘坑が竈状になる場合は多いので、盗掘坑であったという理解もできる。盗掘坑には石室の石材が見られる場合もあるからである。大善寺玉垂宮の関係者による、礼拝所があったという指摘は留意すべきであるが、[25]陵墓としての指定を目指していた地元の動きに連動して、大善寺玉垂宮の関係者は両古墳

を古くから祀ってきた歴史を作る必要があり、盗掘坑を拝所として評価した可能性も捨てきれないのである。そのため、両古墳にあったとするこの拝所については存否を保留しておきたい。

権現塚と権現

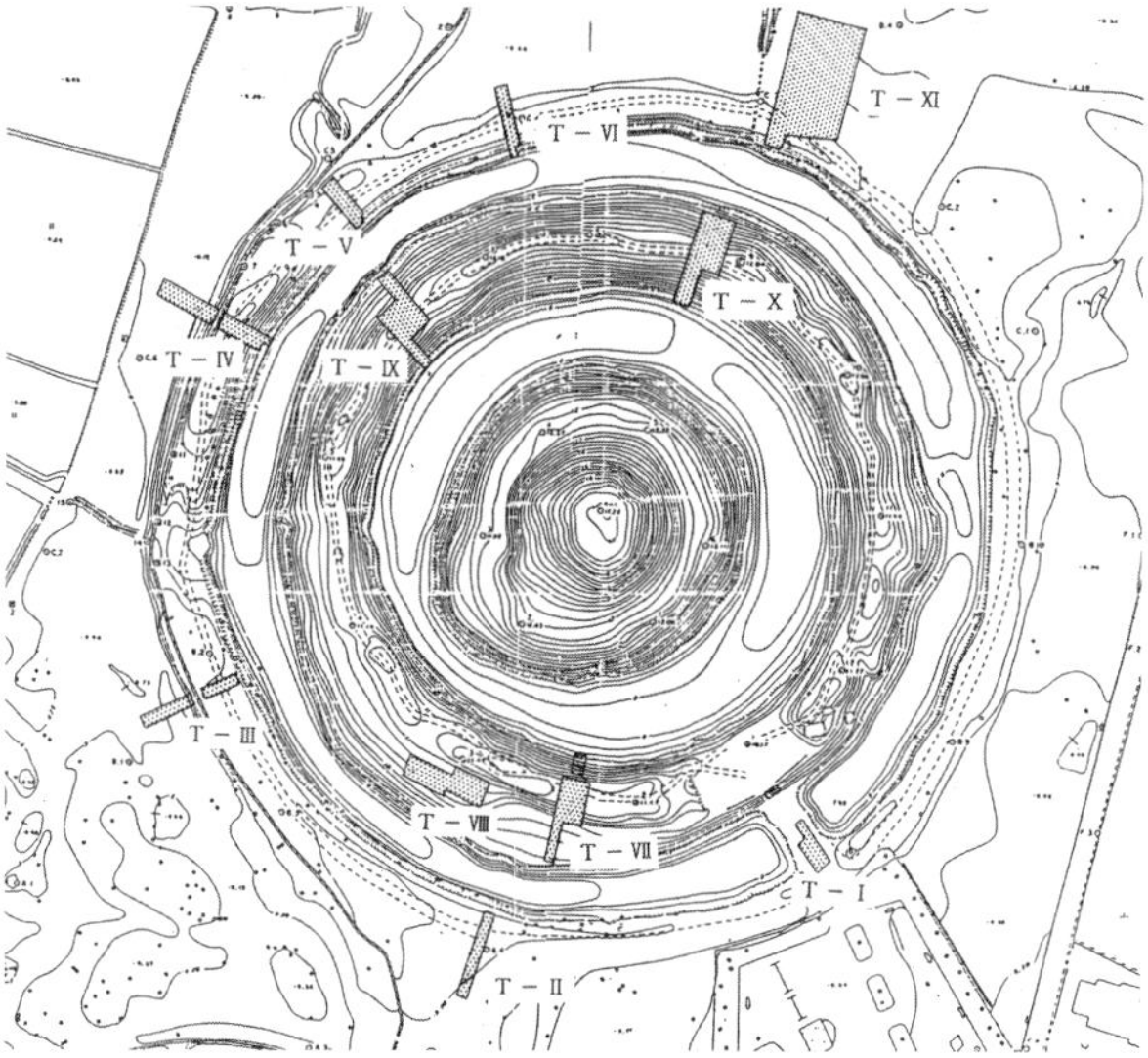

図3　権現塚古墳実測図
（久留米市教育委員会編『史跡御塚・権現塚古墳』より）

権現塚は鬼塚の北側にある古墳で、この古墳に限らず筑後地方でよく聞く古墳名である。『寛延記』では村落に仏体・神体や社などの依代《よりしろ》がある場合には、それを記録することが多い。権現塚にはその記載がないことから、寛延二（一七四九）年には墳丘にそのような施設はなかったようである。墳丘上の施設（社）などを権現と呼んだのではなく、墳丘そのものを権現がいる山と呼んだのかもしれない。では、この古墳がいつから権現塚と呼ばれてきたのかが問題となる。

「権現」とは本来、仏教用語であり、仏菩薩が衆生を救済する方便として「権《かり》」に種々の姿に化して「現」れるという。本地垂迹《ほんじすいじゃく》思想の発展に伴い、平安時代には神祇に適用され始め、九州の例では承平七（九三七）年、大宰府から筥崎八幡宮に出された文書に八幡神を権現とするところがある。十一世紀初めには権現神と仏が一体化する本地垂迹思想の完成期に入り、鎌倉時代に広く権現を称する神社が存在するようになるとされる(26)。

筑後国でも高良山には長保五（一〇〇三）年撰述の『高良十講会縁起』に見える。この縁起の内容は高良山に五日十座の講（法華経など）を設け、十口の僧侶を撰定して祈禱させるものであるが、史料中に二か所、権現が出てくる(27)。その一つが「山有権現、是古仏垂跡乎」という記述である。「山に権現有り、是古く仏垂跡や」と読むのであろうか。高良山に権現があり、古くからの垂迹であるということだろう。

十一世紀初頭にはこの地方に本地垂迹思想が定着していることが確認できる。これらの史料から、権現塚の呼称は広範に権現思想が行き渡った時期である、鎌倉期以降とすることは許されよう。さらに、古墳そのものに霊魂・神仏が宿るという考えが成立したことは注目される。

権現塚そのものが神仏とされ、その名は不明であるが、「〇〇権現」として祀られ、墳丘上には祠などが建てられ、信仰の対象となった時期があったのであろう。古墳の名称としての権現塚は珍しいものではなく、各地に確認できることから、古墳に権現が鎮座するという理解は広い基盤を持っていたと思われる(28)。

大善寺玉垂宮所蔵の『玉垂宮縁起』には神功皇后による「三韓出兵」が描かれている。記紀が伝える神功皇后神話は後に「八幡縁起」や「八幡愚童訓《はちまんぐどうくん》」によって詳細に脚色されているが、この物語の特徴は不利な状況を一変させ勝利に導いた高良大菩薩が登場していることである(29)。この縁起では神功皇后を輔弼《ほひつ》するものとして高良大菩薩が重要な役割を果たしている。筆者は高良大菩薩の神名は高良玉垂神であり、武内大臣＝藤大臣と同一神と考えている(30)。

高良大菩薩は仁徳帝の御世、高良山に登ろうとする時、最初に大善寺に船を着けた。そこで古い船を捨てて船を新造して船出した。その古い船のカワラ（船の竜骨）を取って高良大菩薩として祀ったのが高良玉垂宮であるということから理解できるように、八幡信仰を語る上で重要な神社であった。[31]

筑後地方には武内大臣（宿禰《すくね》）に関わる伝承が多いが、上妻郡北木屋村（現八女市黒木町木屋）の権現山について興味深い伝承がある。[32]

一権現山　十五間四面岩山あり、此いわれハ武内大臣異国退治ノ御謀ニ而、桧木を以、千人之鎧武者を拵え并飛鷹を作り玉ふ、其こけら岩と成て有之候、是を権現山と申、御神木有之候、毎年十一月十三日祭礼也、武内大臣暫く御座被成候所をたかまが原と申、于今有之候、木屋村熊野宮御社ノ上ニ有り、其節神々集り給ふ所をたまらいと申テ御座候

この史料で注目すべきは、武内大臣が作った桧《ひのき》の鎧武者のこけら（削り屑）が岩山となり、それが権現山と呼ばれていることである。これは鎧武者を作った武内大臣が権現と呼ばれる存在であったことを示す。また、こけら石周辺には「たかまが原（高天原）」と「たまらい」があり、それらは一体となって霊地、もしくは神域として理解されていたことが分かる。この伝承に八幡信仰を語る宗教者の存在を想定できるのである。

大善寺玉垂宮は八幡信仰の拠点であった。この玉垂宮と近接する権現塚にも、この武内大臣（藤大臣）の八幡信仰が深く関わっている可能性が高いのであろう。

隣り合って存在する鬼塚と権現塚は、水沼君によって五世紀後半から六世紀初頭に築造された古墳であるが、鬼塚は鬼に象徴される霊的かつ畏怖的な存在とされ、権現塚は権現が鎮座する古墳として、大善寺玉垂宮に集まる宗教者によって新しい性格を付与されたものであった。

大善寺玉垂宮の信仰圏

大善寺玉垂宮は重要文化財である『絹本著色玉垂宮縁起』（二幅）を所蔵する。建徳元（一三七〇）年に作り替えられたものであり、大善寺玉垂宮の根本縁起である。一幅は神功皇后の「三韓出兵」の故事が中心に描かれ、図上方には日向国武市《たけち》城や香椎宮など、下方には海戦の様子や高良大菩薩が干珠《かんじゅ》を投げ入れる場面が描かれている。他の一幅には玉垂宮の伽藍や境内が、下方には高三瀦廟院、大川酒見社やミサキ鳥が人形原《ひとかたばる》の石人をつつく姿が描かれている。

高三瀦廟院は高良大菩薩の廟所と伝えるが、実際は弥生時代の遺跡である。大川酒見社は『筑後国神名帳』に見える三瀦郡「借従五位下九前」中の「酒見東社・酒見西社」(33)のことであろう。境内には「磯良《いそら》塚」がある。磯良塚の墓石は神功皇后のたもと石といわれ(34)、皇后が三韓から帰国の際、袂《たもと》に入れて持ち帰ったという伝説がある。人形原の石人とは、八女丘陵上に築造された石人山古墳・岩戸山古墳をはじめとする八女古墳群の墳丘に建てられた石人・石馬と呼ばれるものであり、古墳時代の遺産が中世の信仰を語る手立てとして復活している。

大善寺玉垂宮の霊験を物語る縁起に、神社周辺の著名な寺社・旧跡・石造物が玉垂宮の霊験を高めるものとして繰り込まれ、互いに結びついて組織されており、玉垂宮を中心とする地域信仰圏が成立していることを示している。

大善寺玉垂宮は三潴庄の惣鎮守社であった。中世筑後では八幡系、熊野系、高野山系、臨済系、黒谷系の宗教者、さらに水天宮系の様々な巫女《みこ》が集まり、庶民を対象に盛んな唱導活動を行っており、その拠点の一つが大善寺玉垂宮であった。彼らは本社高良山以外でも宇佐八幡宮、筥崎宮、香椎宮、さらには石清水八幡宮などの全国的な八幡宮と交流していたことが指摘されている[35]。このことにより『玉垂宮縁起』に八幡信仰が色濃く反映されることになっている。

大善寺玉垂宮

縁起は八幡信仰によって各地の寺社や旧跡などを統合しているが、蝟集《いしゅう》する宗教者は縁起に取り込まれていないことさえ、大善寺玉垂宮との関係で説明を加えるなど、多様な宗教活動を行ったのであろう。三潴郡大犬塚《おおいぬづか》村の「犬の宮塚」について「三韓王の親族を討取、此地へ埋めし故、昔しは王犬塚村と云しが今は大のを字書けり[36]」と縁起と密接な伝承が残されていることなどをあげれば、納得がいくことである。また、「石人石馬　神功皇后三韓征伐の時、藤大臣連保造らせ給う[37]」という記録もそれを補強するものである。大善寺玉垂宮を中心とする地域には様々な宗教活動のシンボルとしての性格を持つものが複層的に存在したのである。

霊地の成立

鬼塚・権現塚は大善寺玉垂宮と同一地域といってよい。これらの古墳を「鬼の塚」「権現の塚」と宗教的に位置づけた人々は、玉垂宮と無関係であったとは考えられない。これらの縁起に出てこない遺跡・遺物などに宗教的な性格を与えた人々は、大善寺玉垂宮を活動舞台とする様々な宗教者たちであろう。先に、「黒塚」の例を出し、鬼と山伏との関係を紹介したが、この鬼という霊的な存在を宗教的に位置づけたのは庶民の仕事ではないと思う。「鬼の塚」「権現の塚」の霊地としての名称はこのような人々の宗教活動の痕跡と考えるのである。

鬼塚・権現塚と同様に宗教的な性格を与えられた古墳は他地区でも確認できる。国指定史跡である日輪寺古墳は御塚・権現塚から北へ約五キロ離れた筑後川沿いの丘陵上に造られた装飾古墳である。この墳丘には応永二十二（一四一五）年銘を持つ地蔵彫像板碑《いたび》が造立されている[38]（本書第三章参照）。また、この山は経隈《きようのくま》山といい、いにしえ巨勢《こせ》入道の妻が法華経九万部の供養を勧め、石塔を建てたことに因むという[39]。これは法華経信仰を示すものである。また、巨勢入道とその妻とは、尼御前社《あまごぜしや》（後の水天宮）の巫女たちが唱導していた筑後川の水神そのものである[40]（本書第五章参照）。この古墳周辺は様々な宗教者たちの活動の場であり、中世の霊場としての痕跡が深く刻み込まれているのである。このような霊場は規模の大小はあれ、各地域に存在したのであろう。

鬼塚・権現塚にも日輪寺古墳と同じような性格を想定することは可能である。鬼と権現が宗教的にどのように関連づけられて唱導されたか明らかにできないが、鬼と権現が一体となって祀られるなど、霊地としての性格が付与されたことは認められるだろう。両古墳の周辺には数十基の「イロハ塚」と呼ばれる古墳が築かれており、[41]この地が大規模な古墳群地区であったことは、霊地としての性格をさらに強めることになったと思われる。

日輪寺古墳全景（東から。久留米市京町）

大善寺玉垂宮は現在も旧三潴郡を代表する神社である。八幡信仰を基軸にして高良山―千栗《ちりく》八幡宮―背振山―大善寺玉垂宮が形成していた筑後・肥前にわたる宗教的ネットワーク[42]は、近世に入ると衰退していく。筑後川を境として筑後・肥後が分断され近世大名領が成立するにつれて、各地の有力神社が大名領内の神社として存在するようになり、かつて中世社会に持っていた宗教的権威が失われ、神社周辺に存在した多くの霊場もその性格を弱め、口碑や伝説として記憶されていったのである。鬼塚・権現塚も同様に「失われた霊場」となり、鬼と権現の名称が、辛うじて私たちにそれを伝えることになったのであろう。

おわりに

鬼と権現をキーワードにして話を進めてきたが、まだ解明すべき点は多い。宗教者もしくは唱導者をその活動の担い手としたが、推定・憶測の段階であり、これらの人々の在り方をさらに詰めていく必要がある。筑後には平家伝説が多く残っているが、これは筑後川を活動基盤とする尼御前たちの活動の痕跡である。このような集団の存在形態を探ることも、この課題の解決に近づくことになると考えている。

古墳時代に築造された古墳の中には、破壊されたものも多く、我々が現在見ることができるものはその一部である。筑後地方でも近世初期には横穴式石室の石材が抜き取られて城郭の石垣に使われ、また、丘陵の谷部に築かれた堤（溜池）の建設の際に利用されている例もある。この歴史的経緯の中で、御塚・権現塚は大規模な古墳であり、地域を代表するものであったため、破壊されることがなかったのであろう。「権現塚、鬼塚一条」で知られるように各時代特有の利用がなされて、現在まで維持されてきたのである。

現在、両古墳は「御塚・権現塚史跡の広場」として整備され、市民の様々な活動の場として活用されている。そこにはもう中世人が感じたであろう鬼と権現の気配を感じることはできない。本章の目的はこの古墳の名称から中世の人々のこころの世界を探ろうとする試みであったが、やっとその入口にたどりつくことができたように思われる。

註

（1）『寛延記　久留米藩庄屋書上』久留米史料叢書三、久留米郷土研究会、一九七六所収。史料名は「神社仏閣幷古

跡之覚書　三潴郡夜明組」である。その後、発見された大庄屋組分は下記の文献に翻刻されている。赤司京子「寛延記（続編三潴郡五組・上妻郡一組分）」（『久留米郷土研究会誌』第十七号、一九八八）。「神社仏閣幷古跡之覚書三潴郡夜明組」の写本は「篠山神社文庫」・久留米市中央図書館所蔵「有馬家文書」にある。

（2）矢野一貞『筑後将士軍談』巻五十一（『校訂筑後国史　筑後将士軍談』下巻、筑後遺籍刊行会、一九二七。名著出版、一九七二復刻）。この古墳の規模・構造・築造年代などは久留米市教育委員会編『郷土の文化財（第七版）』（二〇一三）による。

（3）久留米藩の刀匠では鬼塚吉国の名が知られる。初代鬼塚吉国は柳川に住み、二代は寛文二（一六六二）年頃、大善寺宮本に移住とされる。もともとは安徳姓であり（地元には多い姓である）、刀匠になって鬼塚に改めたとある。この伝承を信用するならば、この姓は鬼塚古墳によるものかもしれない。この理解が妥当であれば、古墳名である鬼塚の名称は江戸前期までさかのぼることになる。篠原木南（正一）『水郷三潴・柳河めぐり』（菊竹金文堂、一九三六）による。

（4）「御調査願」（福岡県三潴郡編『福岡県三潴郡誌』一九二五所収）。この「御調査願」は大正七（一九一八）年十一月二十六日付で御塚後援会代表者武田藤吉ほか二名と筑後史談会三谷有信ほか三名の連名で宮内大臣波多野敬直宛に出されたものである。この段階で名称が「御塚」となっている。この名称の変更は陵墓としての指定を受けるためには「鬼」では都合が悪いと考えられた結果であろう。

この事績の前段として、筑後史談会幹事黒岩萬次郎、武藤直治らはこの両古墳の調査を当時宮内省諸陵寮考証課長であった増田于信に請願し、増田は大正二年と同六年にこの古墳の現地調査を行い、水沼君の墓と推測。これを聞いた大川鉄道会社社長深川忠吉が由緒ある古墳が荒廃していることを嘆き、私有地であった古墳及び隣接地を買収し、同六年に前の宮内省技手梶田貞一を監督として両古墳の修築を行っている。この修築を経て、この願書が出されている。「景行天皇ノ皇子国乳別ノ皇子カ夙ニ我三潴ノ地ニ封セラレテ水沼別君ノ祖トナリ給ヒ累世筑後地方ヲ統治シ給ヒシコトハ其徴古史ニ明ナル所ニ候」とあり、陵墓指定のための調査をお願いするものであった。

（5）『久留米市史』第十二巻資料編考古、一九九四
（6）註5と同じ
（7）馬場あき子『鬼の研究』三一書房、一九七一
（8）久留米市教育委員会編『郷土の文化財（第七版）』
（9）『久留米市史』第一巻第二編第二章第五節「高良山神籠石」、一九八一。最近の研究では、天武天皇七（六九八）年の筑紫国地震で高良山北麓が崩落したことにより、列石が崩落したという説が提出されている。
（10）『鬼と怨霊が来る』（『時空旅人』vol.60、三栄、二〇二一）
（11）『筑後秘鑑』（「篠山神社文庫」三七八号文書）
（12）「大善寺玉垂宮の鬼夜」（久留米市教育委員会編『郷土の文化財（第七版）』）
（13）『吉山旧記（抜粋）』（『久留米市史』第七巻史料編古代・中世、一九九二）
（14）堀池春峰執筆「修正会」（『国史大辞典』七、吉川弘文館、一九九六）
（15）吉田扶希子「『八幡愚童訓』の干珠・満玉　脊振山地の南側のこと」（『脊振山信仰の源流　西日本地域を中心として』中国書店、二〇一四）
（16）『久留米市史』第七巻史料編古代・中世所収「御船文書」四号文書
（17）同右五号文書
（18）井原今朝男「中世寺院による民衆統合」（『中世寺院と民衆』臨川書店、二〇〇四）
（19）出岡宏「謡曲『黒塚』をめぐって　個人性と日常性の相剋」（日本思想史学会編『日本思想史学』二十九、一九九七）
（20）小林保治・森田拾史郎編『能・狂言図典』小学館、一九九七
（21）註19と同じ
（22）註7と同じ

(23) 久留米市教育委員会編『大善寺玉垂宮関係文書』久留米市文化財調査報告書第五十五集、一九八八所収「御船家文書」一一八号文書「権現塚、鬼塚ノ一条」

(24) 註4参照

(25) 註2『筑後将士軍談』に鬼塚・権現塚図(本書一六頁)が収録されているが、両古墳ともに墳頂に石室跡があると注記されている。これは石室盗掘跡と考えられるが、この石室跡を祭祀の対象にした可能性も残される。

(26) 村山修一執筆「権現」(『国史大辞典』六)

(27) 『高良十講会縁起』(『久留米市史』第七巻史料編古代・中世所収)。権現についてのもう一か所の内容は「奉貢両宮権現、九王子、及一切神祇冥道等也」とある。

(28) みやま市瀬高町坂田字権現に権現塚古墳という円墳がある。この古墳はみやま市指定史跡である。二段築成の円墳で高さ五・七m、径四五mあり、周溝がめぐる。福岡県でも屈指の円墳である。

(29) 『高良玉垂宮縁起』に「皇后幷武内廻計於四方、新羅賊徒等、悉追帰畢」とある。武内宿禰の「三韓出兵」での活躍が描かれる。『高良玉垂宮縁起』の引用は小林健二「大善寺玉垂宮縁起の絵解き」(林雅彦・渡邊昭五・徳田和夫編『絵解き　資料と研究』三弥井書店、一九八九)による。

(30) 太田亮『高良山史』(神道史学会、一九六二)以来、高良玉垂宮の神名についての多くの研究があるが、筆者は『田主丸町誌第一巻　川の記憶』(一九九六)で提起されている「高良玉垂神＝武内宿禰＝藤大臣」とする見解に従いたい。詳細は『田主丸町誌』第八章参照。

(31) 荒木尚・川添昭二・古賀寿・山中耕作編著『高良玉垂宮神秘書　同紙背』(高良大社、一九七二)一四二条に以下の通りある。

一、大菩薩、仁徳天皇ノ時、如高良山ノ御登ノ道ノ次第、皇宮出、船ニメサレ、先　大善寺ヱアカリ玉フテ、御船ヲアラタメ、古御船ハ　乗ステ玉フナリ、大菩薩乗ステ玉フ御船ノカワラヲトリテ、大善寺大菩薩トアカメタテマツリ玉フナリ、サテコソ、山カウヲ　御船山トハ申也、寺カウヲ　大善寺トハ名付タリ(後略)

(32)『寛延記』北木屋村条。ほぼ同様の内容が、『稿本八女郡史』(八女郡、一九一七。一九七二復刻)にある。所在地は八女郡木屋村大字木屋字寺野とされている。八女地区では権現山の名称は八女市山内の帰路女喜《きろめき》地区にも残る(『八女市史』下巻、一九九二)。
(33)『筑後国神名帳』(『久留米市史』第七巻史料編古代・中世所収)
(34)福岡県三潴郡小学校教育振興会編『新考三潴郡誌』一九五三
(35)山中耕作「研究篇」(荒木尚・川添昭二・古賀寿・山中耕作編著『高良玉垂宮神秘書 同紙背』)。同「筑後路の平家物語」(筑後地区郷土研究会『筑後地区郷土研究』創刊号、一九六八)
(36)註11と同じ
(37)同右
(38)註8と同じ
(39)『寛文十年久留米藩寺院開基』(久留米史料叢書第七集、久留米郷土研究会、一九八二)日輪寺条。京隈の伝説については「地名の起源」京町条(『久留米市史』第五巻、一九八六)にまとめられている。
(40)真辺仲庵『北筑雑藁』(『校訂筑後地誌叢書』筑後遺籍刊行会、一九二九所収。歴史図書社、一九七七復刻)尼御前社条。その内容は以下の通り。

瀬下ニ一神祠有リ、人ハ尼御前社ト称ス。之ヲ問ヘバ即チ言フ、水神ニシテ能ク水災ヲ除ク者ナリト。又曰ク、此河ノ上流ノ一派ニシテ、此ヲ去ルコト四里バカリ、九十瀬川《コセ》ト名ヅクルモノアリ。九十瀬ハ土俗読ンデ巨瀬ト曰フ 其水中ニ神有リ、九十瀬入道ト号ズ。尼御前ト匹配タリ(後略)

(41)加藤栄編『史料とはなし 郷土大善寺』大善寺文化財保存会、一九七七。大正元(一九一二)年の耕地整理のため削られ、田畑となったとある。註2『筑後将士軍談』所収の「宮本村権現図」には「此辺是ヨリ小キ塚猶有之」とある。これらをイロハ塚と呼んだようである。『福岡県三潴郡誌』に関連記事がある。
(42)古賀正美「筑後を越える高良社の信仰圏」(西日本文化協会編『西日本文化』四八四、二〇一七)

第二章

草野氏と『絹本著色観興寺縁起』

はじめに

『観興寺縁起』についての研究史の中で画期をなすのは、藤原重雄氏の論考であろう。(1) この論文から多大な示唆を得ているが、藤原氏はこの縁起について「地名由来譚を散りばめ、濃密に土地の記憶を含んだこの作品の在地性の強さは、地図・地誌的とも言え、そうした側面がさらなる結縁へと誘う装置として機能した可能性を最後に確認しておきたい」と述べられる。

筆者もこの縁起について様々な事物・景観について触れてきたが、中世の山本郡の地誌としての縁起を伝説とすることなく、そこから新たな史実を発見できる可能性を持つものであることを指摘されていると思う。小論では藤原氏の指摘に学びながら、『観興寺縁起』の内容についてまず検討し、それを受けてこの縁起の成立にかかる草野氏の役割を探り、『観興寺縁起』が持つ意義について述べたい。

『絹本著色観興寺縁起』について

伝来と模本　『絹本著色観興寺縁起』（以下、観興寺縁起もしくは縁起と略称する）は二幅、各幅一六〇×横一一四㎝である。久留米市山本町山本の曹洞宗観興寺所蔵で、明治三十九（一九〇六）年四月十四日に古社寺保存法によって国宝甲種に指定され、戦後は重要文化財となっている。久留米市で最も古い指定文化財である。現在は京都国立博物館に寄託されている。製作時期は鎌倉時代後期（十三世紀末から十四世紀）とされている。(2)

草野永平の依頼によって土佐将監《しょうげん》が描いたという伝承を持つが、永平の活躍時期は十二世紀後半から十三世紀にかけてである。(3)また、土佐将監は土佐光信のこととされるが、これも十五世紀後半から十六世紀にかけての絵師であることから、これらの伝承に対する疑問が先学から指摘されている。(4)この縁起の成立時期及びそれを行った草野家の発願者については、観興寺境内で発見された石造遺物を検討する際に触れることとする。

この縁起には模本があり、天保十一（一八四〇）年に制作されている。複写本が久留米市草野歴史資料館で展示されているので実見された方も多いだろう。(5)他に文久元（一八六一）年に久留米藩御用絵師である三谷有信《みたにゆうしん》による写しがあるが、太宰府天満宮所蔵となっている。また、東京国立博物館にこの太宰府天満宮本の複写があるという。(6)

縁起の内容　本縁起は観興寺の伽藍を描く幅（伽藍幅）と観興寺の縁起を描く幅（縁起幅）からなっている。この縁起についての中世にさかのぼる縁起文はなく、近世の縁起文によって二幅を説明する。

縁起幅には以下の内容が描かれている。白雉年間（六五〇－五四）に筑後国の草野太郎常門《つねかど》というものが三匹の犬を連れて狩りをしていたが、ある時、獲物がなく豊後国日田郡石井郷まで来た。日下部春里《くさかべのはるさと》という長者の館で末娘の玉姫に会うが、鬼が毎日家族を一人ずつ奪っていくため玉姫は最後の一人になったという。常門は玉姫を守るべく、その夜鬼を弓矢で射た。翌朝、鬼の血の跡をたどっていくと串川山の山頂に、矢に射たれた栢樹《はくじゅ》があり、その鬼は実は千手観音の霊木であったことを知る。そこで常門は罪を悔い、草野に帰ったら寺を建てることを約束して、玉姫を連れて草野に帰ったという。

伽藍幅には以下の内容が描かれている。ある日、大雨が降り、大水とともに先の霊木が筑後川の神代《くましろ》の渡し（浮橋）にやってきたが、常門は運ぶことができないため、「私の屋敷の近くまで遡ってください」とお願いすると、近くまで到来した。そこで常門が斧で霊木を傷つけると、血が流れ出し、驚いた常門が「ああ勿体ない」と言って斧を投げ捨てたことから、その地が勿体島《もったいじま》と呼ばれるようになったという。霊木は常門の館の裏まで運ばれ、そこで常門は伽藍を建立し、普光院とした。その後、天智天皇から観興寺の勅額を賜った。それから五百年ほど経た源平合戦で草野太郎長衡《ながひら》（永平）は千手観音の霊験により勝利を得ることができた。それで永平は絵師土佐将監に依頼して千手観音の霊験などを描かせたという。

今回は伽藍幅を中心に検討していく。もちろん、縁起幅とは密接な関係を持っている。筑後川を下ってきた霊木が神代の浮橋に流れ着いた様が伽藍幅に描かれるなど、筑後川を舞台としてつながっていることに触れれば十分であろう。

図一は藤原論文に掲載されたものであるが、この伽藍図を説明するのに極めて有効であり転載させていただいた。なお、後に触れるように千光寺は柳坂山観音（永勝寺）であると思われる。本図は北方上空から、筑後川沿いにある神代の渡し（浮橋）、善導寺を捉え、中央部には再興された観光興寺の伽藍を、さらに南の耳納山地の西側に高良社や甲冑武士を描いたもので、俯瞰図としての構図を持っている。

高良社　この伽藍図の右上方に高良社の社殿が描かれている。高良社が筑後国一宮であることから描かれたようにも思われるが、これは鎌倉前期の草野氏の動向を述べる際、詳細に述べるが、草野永基が高良御宮在国司職(7)を勤めるなど、草野家は深く高良社の運営に関わっていた経緯があったため描かれたもので

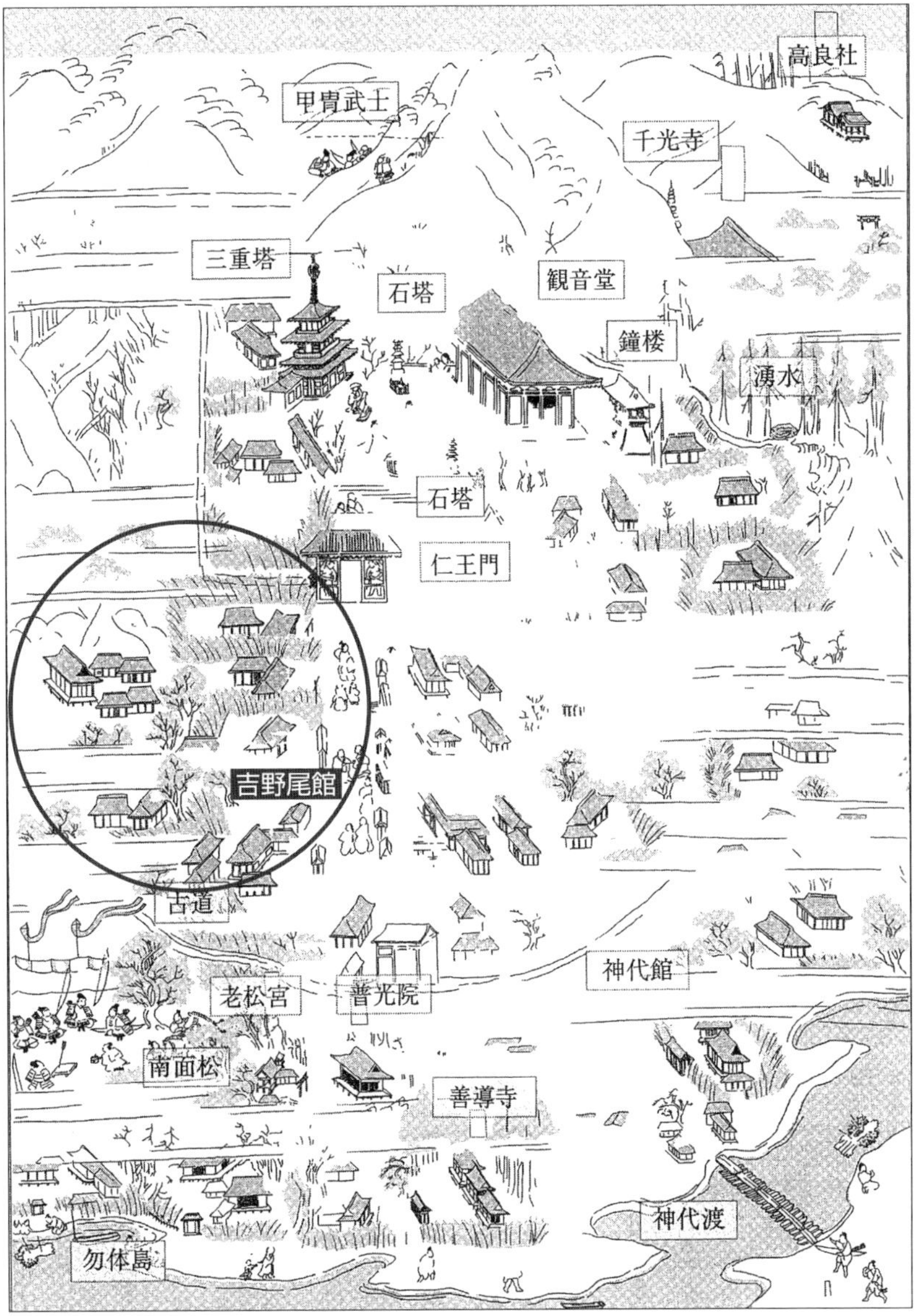

図１　「観興寺縁起」右幅景観見取り図

（藤原重雄「『観興寺縁起絵』における在地的描写　掛幅縁起絵の景観表現」〔佐野みどり・加須屋誠・藤原重雄編『中世絵画のマトリックスⅡ』青簡舎、2014〕掲載図〔下図：鴈野佳世子作成〕に「吉野尾館」を追加）

あろう。

永勝寺　その横に、塔と堂の屋根が描かれており、千光寺とされているが、これについては疑義がある。天保本には「柳坂山薬師」とあるので、千光寺ではなく、柳坂山永勝寺のことであろう。この寺は奈良時代の瓦を出土する古代寺院である。(8)

武士たち　さらに上方中央の山中に甲冑を着た武士たちの姿がある。源平合戦の草野永平に関わるモチーフとされている。藤原氏は観興寺檀越である草野氏の拠点となった竹井城に触れられているが、この時期に竹井城が築城されていたことには疑問が残る。(9)また、草野永平らが南面松に陣取る敵方へ矢を放ち、俎板《まないた》に矢が刺さり、敵方が退いた話が、この図の下方南面松の部分に描かれる。この幅には源平合戦時の物語を担うモチーフも配されている。

神代の浮橋　画面右下隅には、筑後川にかけられた神代の浮橋が見える。筑後国衙から太宰府・博多方面に抜ける官道があり、この地に浮橋が設置されていたのである。浮橋のたもとの建物は渡屋敷であり、浮橋を運営したものであろう。その南側の竹林で囲まれた建物は神代館であろう。(10)神代氏はこの浮橋を管理していた氏族である。また、その後ろには万法寺（後に安国寺）が建立されている。この浮橋についでは、偽文書とされているが、以下のような文書が残されている。(11)

将軍家政所
於博多津、去文永十一年蒙古襲来之刻、肥後・薩摩・日州・隅州之諸軍馳参之砌、筑後河神代浮橋、九州第一之難処之処、神代良忠以調略、諸軍輙打渡、蒙古退治之事、偏玉垂宮冥慮、扶桑永代為安利

之由、所仰如件

建治元年十月廿九日

別当相模守平朝臣判

蒙古襲来や異国警固番役への動員があり、実際に渡すことが行われた。その状況や記憶に基づいて、この文書が神代氏によって作成されたと考えているが、この浮橋そのものは文永十一（一二七四）年段階には設置されていたと考えられ、縁起もそれ以降に制作された可能性があろう。

この神代氏については、「肥前河上神社文書」の天文二十（一五五一）年、永禄元（一五五八）年の文書に神代大和守勝利の記事がある。また『鎮西要略』では、神代氏は高良山の武内宿禰の裔で、生まれた所は筑後国草野辺の神代村であり、肥前に来て年久しく、建武、延文大乱以降は高木神代と称し、肥前に来て二百年という。古老が言うには勝利の先祖対馬入道宗元は初め草野氏に属していたという[12]。天正三（一五七五）年、島津家久が上京の時、神代の渡しを利用し、渡し賃を草野氏から取られたとあることから、この神代の渡しを草野氏は、当初は神代氏を通して支配し、後の天正年間には直接管理していたことになる。

善導寺　画面中央の下部には縁をめぐらした東面する三棟の建物が並ぶ一郭があり、門もあるようだ。藤原氏はこの建物を善導寺であると指摘されている。この寺は承元二（一二〇八）年に草野永平を檀那として浄土宗二祖である鎮西上人によって開かれた。この寺院は永平が大檀那とされているが、『鎮西歴代誌』は要阿・作阿夫妻が開基大檀那であるとしている。このことから善導寺建立の外護者は永平でなく、

図２　不光院遺跡周辺字図
（久留米市教育委員会『不光院遺跡』久留米市文化財調査報告書第105集、1996より）

要阿の可能性がある永種（永平の子）ではないかとされる。[14] 善導寺の建立が何時であるかが、縁起の成立時期の上限を決めるものになろう。

老松宮と普光院　南面松の右方に老松宮と普光院が描かれている。この建物の所在地と思われる字名が東から西南面松、宮ノ跡、宮ノ前、不光院と並ぶ（図二）ことから、「不光院」は「普光院」、「宮ノ跡」

は老松宮に因むものであろう。なお、観興寺の山院号は「山本山普光院観興寺[15]」であり、「不光院」は「普光院」からの変化であろう。老松宮は観興寺の鎮守社とされている[16]。

不光院付近では平成七（一九九五）年に発掘調査が行われた。調査では十一世紀前半に廃絶した東西方向の溝を中心とする遺構が確認されているが、明確に寺院の存在を示す資料は発見されていない[17]。ただし、字「不光院」から、かつて奈良時代後半の単弁六葉の軒丸瓦が出土しており、観興寺の創建を考える上で重要な資料である[18]。なお、藤原氏はこの地で奈良時代以降の道路（古代山辺道《やまべのみち》）の存在を指摘されているが、これは後述の南面松・古町の検討で触れることにする。

老松宮（久留米市山本町耳納）

仁王門　この普光院付近から山地の方、上方へ参道が描かれている。参道の両側には院坊とおぼしき建物が建ち、仁王門へつながっている。この門からが観興寺の境内というべきであろう。この仁王門の位置は字「不動上」「不動島」の字境が参道を東西に横断する地点であろう。字「不動島」は「ふどうどう（不動堂）」でないかと推測する。時期は不明であるが、仁王像から不動明王像への変遷があったことを記録したものであろうか。

伽藍　伽藍中央部には本堂（観音堂）と三重の塔が向き合い、鐘楼もある。女性参詣者や子供も確認される。中庭には二

字不動上から観興寺山門をのぞむ

基の多層石塔が描かれる。『筑後将士軍談』には境内から発見された三基の石塔の銘文記録がある。文永六（一二六九）年の座主《ざす》長尊供養塔、正安元（一二九九）年の比丘《びく》尊祐《そんゆう》如法経供養五重石塔、建治元（一二七七）年の仏子証実法華経・舎利奉納の七重石塔の三基の銘文である。[19]

縁起に描かれている五重石塔が正安元年のものであれば、この縁起の製作年の上限の目安になる。同様に石塔の造塔年から、次に触れる観興寺の再建時期は文永六年以前を目安とすることができるだろう。橋富博喜氏はこの縁起の発願者は草野永平ではなく、草野永平の孫草野永純、あるいは永純の子永盛、経永らの兄弟を想定することが妥当であるとされているが[20]、それに従いたいと思う。

草野氏の再興　草野氏による観興寺の再興は、奈良時代に創建された「不光院・宮ノ前」時代の寺院が、現在地に移転し、それを草野氏による再興と理解しての推論である。再興を現在地にあったものの再整備とも理解されうるが、今回はとらなかった。現在の観興寺境内では鎌倉時代の遺物（軒平瓦）は出土しているが[21]、奈良・平安の遺物は出土していない。奈良・平安時代の遺物は字不光院地区から出土していることはすでに述べている。

この縁起によって名称が分かる寺院や館跡などを確認できたが、藤原氏も指摘されるように、性格不明の建物などがまだ多く残されている。善導寺飯田地区には草野氏の一族である飯田氏がいたが、飯田氏の館[22]なども善導寺近くに想定できるだろう。さらに、寺名が失われ、実態が不明である寺院の建物などもあるだろう。不明部分についての究明は今後の課題となっている。

草野氏について

古代の山本郡　山本郡は『和名類聚抄』によれば土師《はじ》、蒲田、吉見、三重、芝沢の五郷からなる郡である。郡衙については後に草野氏の居館となる地区に想定する説もあるが、いまだ確定を見ていない[23]。郡名を負う山本地区に観興寺が所在し、この寺は山本郡の郡司が創建した寺院であったと推測している。この地は山本の郡名を現在も保持している地区であり、郡の中心といえることが一つの根拠である。

郡司の氏族名は日下部《くさかべ》氏の可能性があると思う。筑後国では山本郡の隣郡である御井郡の郡司は草部氏である[24]。草部氏は日下部とも表記される。山門《やまと》郡には草壁郷がある[25]。また、『高良山高隆寺縁起』によれば、高良社の五姓氏人として「草部御貢所司、鱸執人職也」とあり、縁起異本として「御供所職鮑贄人也、三毛郡司」とある[26]。このように筑後国では日下部氏は有力な氏族であったことが確認できるのである。さらに、縁起幅の舞台である日田には日下部氏の館跡が確認できるため、歴史的・地理的な関係を持っていたことが予想されるのである。日田の国造であった日下部氏は、評制期から律令期にかけて郡司となり勢力を維持したが、後に日田姓大蔵氏と勢力交替した経過が確認されている。

仁治二（一二四一）年に大宰府が、大治・延応（一一二六―一二四〇）の筑後国内の社寺・官舎などの破損の実情を勘録した「筑後国検交替使実録帳」[27]には、同郡の放光寺・善導寺の記事があるのに観興寺については記事が見られないため、国衙の保護から外れた郡寺の可能性が高い。この地には郡衙と郡寺の存在を想定してよいかもしれない。

草野氏の出自　草野氏について川添昭二氏は広範な史料の検討によって、具体的な姿を明らかにされており、それに従い論を進める。川添氏は、草野氏は大宰大監であった高木氏と同族であり、草野氏の祖は大宰府府監で肥前国衙在庁に連なるものとされる[28]。

草野氏は、長寛二（一一六四）年に草野吉木に入部したことになっているが[29]、筑後国衙の在庁であり、在国司・押領使の両職の権威と実力をもって山本郡衙の機能を継承・吸収することで、この地区に入ったと考えている。平安時代末に筑後国の在庁官人として有力であった草野氏が、山本郡吉木に定着し、その拠点は吉野尾館《よしのおやかた》であった。

在国司　草野氏が史料に初めて出てくるのは『吾妻鏡《あづまかがみ》』の文治二（一一八六）年閏七月二日条である。筑後国住人草野永平は肥前高木氏とともに平家に属せず源氏方に忠節を果たしたことにより、源頼朝の推挙で、筑後国在国司・押領使両職を安堵されている。この時期、筑後国府は着任しない不在の国司に代わり、国司在庁の中で国司に匹敵するような実権を持つものが現れていたのであろう。在国司の登場である。

また、永平は文治二年十二月十日に肥前国鏡社大宮司職に補されているから、草野氏は大宰府官人、肥前国在庁の経歴によって肥前高木氏から分かれ、永平の段階は筑後国衙では在国司・押領使両職を相伝していたとされる[30]。草野系図では永平の父永経の代に草野に住いするようになったと伝えているのは、草野氏の筑後へ入った時期を示すものかもしれない。

草野氏は筑後国の在庁職として在国司職と筑後一国の軍事指揮権である押領使職を得ており、弘安三（一二八〇）年六月八日の「筑後国高良御宮在国司藤原永基先祖相伝所帯所職惣間帳事（写）」[31]では、永基は高良御宮在国司職以下を子息などに譲与している。高良社は一宮で、国衙の保護と支配は直接的であり、草野氏が高良御宮在国司職を帯びていたのは筑後国の在庁であったことによるとされる。従うべき見解である。

大城氏　寛元元（一二四三）年の「六波羅召文御教書案」に筑後国高良玉垂宮大祝《おおはふり》安□から、当国在国司大城次郎永幸の狼藉が訴えられている[32]。ここに在国司によって高良社に対して何らかの介入があったことが明らかになる。また、前出の藤原永基惣間帳事には高良御宮在国司藤原永基とある。両者とも「永」を用い、前者は筑後川の右岸である大城を名字地としたものであり、永平の流れにつながる草野一族であろう。また後者は在国司職を「先祖相伝」したとあり、また、筑前国怡土《いと》荘内の所領に「大木尼御前」分とあることから、前者と血縁関係にあると考えられる。永幸・永基の名は「草野文書」の「草野系図」に見られないことから、永平以降に草野家はいくつかの系統に分かれ、在国司を相伝したのは「大城」を名乗る系統と考えられている[33]。

高良御宮在国司　この高良御宮在国司職について考えることができる史料が、中世末に撰述された『高良玉垂宮神秘書（高良記）[34]』にある。高良社の祭祀と関わる在国司についての記事や在国司居屋敷などの記事が見られる。高良社の祭礼の際、御旅所である鎮西が辻の浮殿《うきどの》に在宅することから在国司とある〈三十〉（〈　〉内の数字は神秘書の条数である。以下同じ）。また、草野氏は上宮、在国司は鎮西が辻の留守職とされており〈三十一〉、高良社の祭礼に、在国司の深い関わりを示す内容である。

朝妻の大宮司　在国司が居住する地区についての記事がある。「在国司、朝妻ヲツカサトルナリ」〈一六八〉、その「アサツマハ、在国司居屋敷ナリ、（中略）カノ領ニ他ヨリイロウコトナシ（中略）彼所ノ大宮司ヲ七戸大宮司ト申ナリ」〈三二四〉ともある。朝妻には在司居屋敷があり、この地には七社が祀られ、「朝妻ノ大宮司ヲ、七戸大宮司ト云也、在国司ノ名躰ナリ」〈一七一〉とあるので、この七社を在国司が祀っていたことになると思う。

七社とは神功皇后、国長神、古父、古母、御供屋、妙見、両妙見のことである〈一五九〉。これは朝妻の泉の中にある神体石のことであるが、その前身は『筑後国神名帳』御井郡「正六位上四十二前」の中の「味水御井神」である。(35) 七社の中で注意すべきは国長神で、これは国庁神であろう。この神社は国府の守護神であり、筑後国の宗社としての性格があったと推測されている。在国司は国衙に祀られていた国庁神を司るものであった。これは高良御宮在国司職の職能の一部を示すものであろう。(36)

初めの苻　さらに『高良記』には「始メノ苻ハ、朝妻ノ下ニ有リ、白河院七十二代延久五年癸丑年、今ノ苻ニヒカル、ナリ、モトノ苻ヲ古苻ト申也」〈三五九〉とある。古苻（府）は朝妻の下にあって、延久五（一〇七三）年に今の苻へ移転したという記事である。

筑後国府は発掘調査によって三遷したことが確認できている。「始メノ苻（モトノ苻・古苻）」とされている国府跡はⅢ期の国府跡で、朝妻国府と呼ばれている。水縄《みのう》断層の活動によって形成された比高差約一〇m断層崖があり、その崖下に朝妻の清水が湧いているあたりから、北方には大宰府に向かう駅路（西海道）がある。朝妻国府は断層崖下からその駅路付近にあったようだ。一辺が一四〇ｍの大溝に四方を囲ま

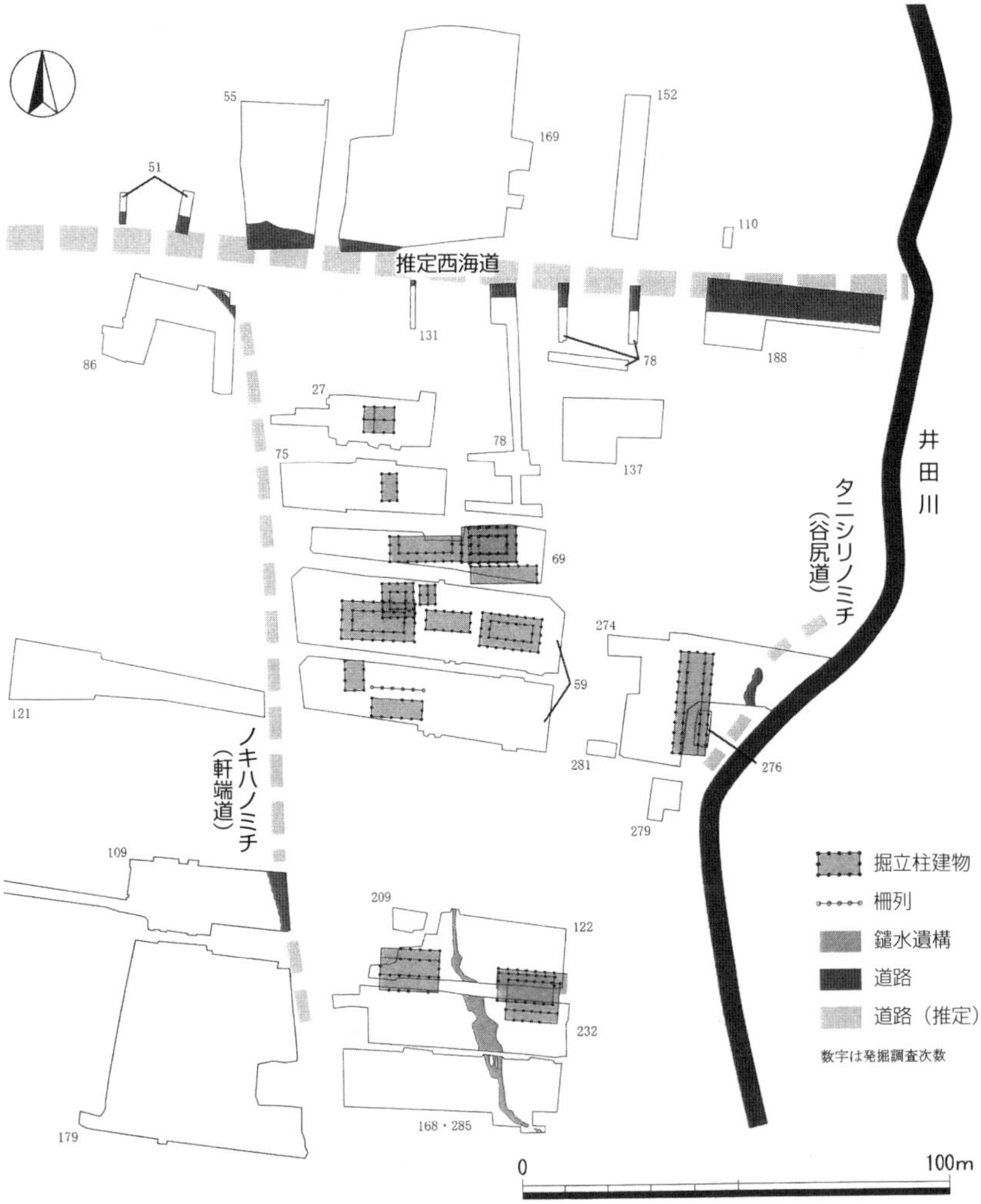

図３　在国司居屋敷主要遺構模式図
（久留米市教育委員会『史跡筑後国府跡保存活用計画』2020より）

れた区画があり、その中に大型建物が発見されている。この国府は十世中頃から十一世紀末まで存続しており、延久五（一〇七三）年にⅣ期の国府（横道国府）へ移転したという内容は考古学の知見からも信憑性が高い[37]。

在国司居屋敷　Ⅲ期国府跡の東側に多数の官衙建造物が検出されている。その中には四面庇《ひさし》を持つ邸宅風の建物が多数検出されており、十二世紀代の建物とされている。この地区が在国司居屋敷とされている[38]。発掘調査の成果によれば、十二世紀後半代にはこの地も廃絶しているようだ。朝妻国府の「今ノ苻」（横道国府）への移転後、その跡地の一部が在国司によって横領され、それが居屋敷となったもので、「今ノ苻」とほぼ同時期に存在し、十二世紀後半まで継続したと理解すべきものとされている[39]。

この事例からすれば、筑後国の在国司職は、このⅢ期の国府の時期に成立していたと考えられる。朝妻の在国司居屋敷は、筑後国府の中で国司に匹敵する実力を持った在庁によって経営されていたようだ。文治二（一一八六）年の時点で草野永平は在国司・押領使両職を踏襲していた在庁であり、筑後国衙の全権を把握し、一宮である高良社や国衙の祭祀も掌握していたと考えられるのである。

草野氏は筑後国府の在庁の中で、筑後国府の運営全般を司る地位にあったが、山本郡の支配権を得て、そこを本貫とすることになったのであろう。肥前高木氏の一族であったものが草野氏と名乗るようになったのは、この地を本拠とするようになってからであろう。

文献から草野氏の居館を復元する

草野氏関係の遺跡は久留米市草野町吉木地区に見られる。館跡についての史料は江戸期のものしか残されていないが、それから草野氏の居館及び周辺の復元を試みる。この検討は、後に詳述するが、『観興寺縁起』が持つ性格を説明するためには必要な作業である。なお、参考にした史料については章末にまとめて提示している。(40)

吉野尾館　草野氏の居館跡は久留米市草野町吉木に所在する。「吉野尾館」と呼ばれ、草野氏代々の山城の麓にあるという（史料三）。建設の時期は草野永経が草野に入部したという長寛二（一一六四）年以降であり、草野氏の代々の居館とされる（史料七）。この地区が草野氏の本貫地ということができよう。居館跡と記録されているが、その実態を示す史料は皆無といってよい。

竹ノ城　山城の名は「竹ノ城」（史料一・二・三・四・五）とある。江戸期の史料では吉野尾館と竹ノ城はセットとして把握されている。また、史料五では、この山城には「草野三郎永経より十七代長門守鎮永まで相続して居城す」とある。この地区にある山城であろう。平安時代末から図四に示すような構造を持つ山城が築造されたとは考えられない(41)ので、南北朝以降のことであろう。現在、この城は竹井城と呼称されており、竹井城と竹井城物見櫓(41)によって構成されている。

貞和三（一三四七）年十一月二十五日付蓮真書状に「草野城警固事(42)」という記述がある。同七年二月九日宇都宮冬綱奉書(43)には草野城について「全警固可加修理旨可被相触当城衆等」とあって、この城に籠もる草野孫次郎入道に警固と修理を加えることを命じている。現在の草野地区では山城は竹ノ城と発心《ほっしん》城しか確認されておらず、後に触れるが発心城は築城が天正年間（一五七三―九二）と考えられるので、この草野城は竹ノ城のことと考えている。

禅長寺　館周辺には寺院が建立されていた。禅長寺である。このお寺は「草野家代々菩提所の由申伝、今に墓御座候」（史料三）とある。「草野家代々の菩提寺なり、累世十七代の墳墓ありしが、山汐以後二基残れり」（史料五）ともある。水縄山地は断層でできた山地であるため、度々山汐（土石流）に襲われており、墓塔は二基を残すのみであった。一基には最後の草野家当主である鎮永《しげなが》（家清）の銘があるという（同前）。草野氏一族の氏寺としての役割を持つものであったろう。

建立の時期は吉野尾館の建立とはあまり離れない鎌倉時代前期と推測している。文治四（一一八八）年

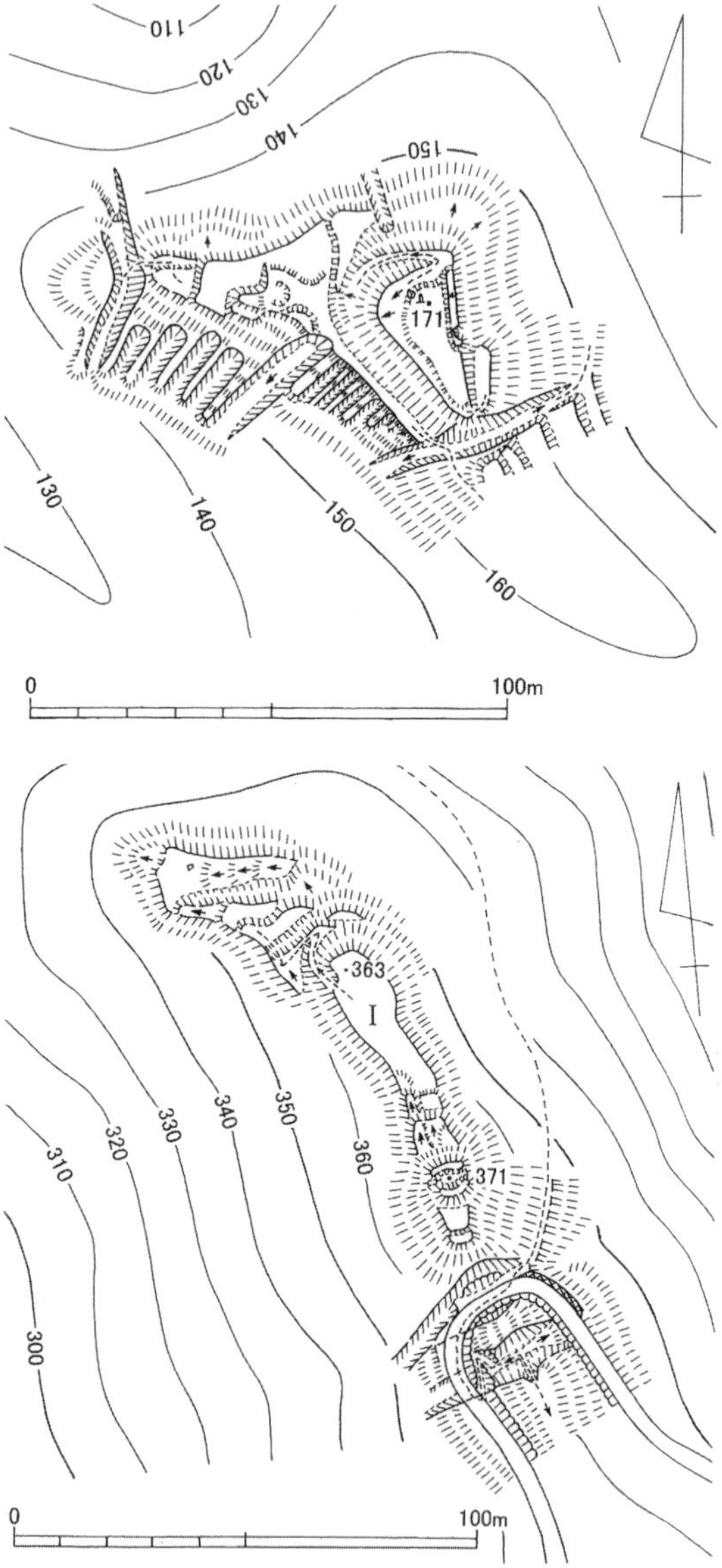

図４　竹井城縄張図（上は本城部、下は物見櫓）
（『福岡県の中近世城館跡Ⅳ　筑後地域・総括編』福岡県文化財調査報告書第260集、福岡県教育委員会、2017より）

建立という史料もある（史料八）。禅長寺の宗旨については、草野家は天台系あったことから、それに因むものだったと考えている。[44] この寺は字名に寺名を残すのみで、廃寺になっている。

小森大明神　松浦草野次郎豊前守秀永を祀る社である（史料三・五）。「草野系図（合原氏蔵）」（『筑後将士軍談』巻三十二）では、秀永は草野家より肥前の草野家を継いだものかといい、あわせて、建武三（一三三六）年に洛陽の合戦で名和長年《なわながとし》を討ち捕らえたと伝える。南北朝期の人である。秀永の霊を吉野尾館の北側の近辺に祀り、永平の霊と合祭していたようである。毎年二月二十三日に祭礼を行い、城内の諸士は斎戒して詣で武具を飾ったとある。草野家代々の崇敬の神とされる（史料五）。

龍泉寺　この寺院の伝承は次の通りである。永経・永平父子が文治年間（一一八五―九〇）に軍功があり、源頼朝から采地《さいち》三千町と美しい婦人二人を賜った。永平は二人を連れ帰ったが、正室が受け入れなかったので、婦人たちは身を僂み筑後川に身を投げた。永平は婦人の袖を納める寺として龍泉寺を創建したという（史料九）。この伝承が信頼できるとすれば、これも鎌倉時代前期の建立となる。この寺は祈禱寺としての性格があるのだろう。[45]

なお、天正七（一五七九）年に草野氏が発心城を築くと、[46] 龍泉寺と門前の人家は吉木地区から北の草野地区に移転しており、現在、草野町紅桃林《ことばやし》地区に龍泉寺の地名が残っている。

宝蔵寺　この寺院は禅長寺と同じく文治四（一一八八）年に建立されたとある（史料八）が、詳細は不明である。昭和三十三（一九五八）年頃の聞き取り調査で宝蔵寺の所在地が確認されている。[47] 廃寺である。

若宮八幡宮　草野永平が大坂平野の若宮八幡宮を文治二（一一八六）年に勧請したものである（史料三・八）。「草野庄累代の宗廟御祈願所」とされている。祭神は応神天皇（八幡神）で、相殿《あいどの》として高良玉垂神、住吉大神が鎮座する。

『太宰管内志』の「若宮八幡宮[48]」の条には四枚の棟札銘文が収録されている。最も古いものは文治三丁未年十一月日の年紀を持ち、草野太郎藤原永平の名が見える。史料八では文治二年とするが、一年遅いのが注意される。他の三枚の棟札によれば文明六（一四七四）年、元亀二（一五七一）年、天正五（一五七七）年にも草野氏によって社殿の再興が行われており、草野庄累代の宗廟御祈願所としての位置を戦国末まで維持していることが分かる。

若宮八幡宮（久留米市草野町吉木）

字図から草野氏の居館を復元する

■鎌倉前期から南北朝期の吉野尾館

吉野尾館の位置　図五は久留米市草野町吉木地区の字図である。まず吉野尾館跡の位置を探してみると、図中央下部に「東吉野尾」「西吉野尾」の字名が隣り合って存在していることが確認できる。吉野尾の遺称地である。東吉野尾が西吉野尾の二倍近く広いようだ。二地区を合わせるとほぼ方形に近い区画となる。東西約三〇〇m、南北約二〇〇mの範囲である。この地が吉野尾館の旧地と推定される。かなり広いが、内部の調査などが行われておらず、遺構などについては不明である。

竹ノ城の位置　この山城の位置は、東吉野尾の南東にある「古城山（1）」「古城山（2）」に確認されている。

禅長寺の位置　西吉野尾の西側に字名「上江下小路」を挟んで、「善長寺」の字名がある。禅と善が違うが音が一致しているので、菩提寺である禅長寺が所在した地であろう。この善長寺の西側には谷（藤川）があり、西側は山本地区、東側は吉木地区で、現在、町の境界となっている。

龍泉寺の位置　東吉野尾地区の東に接して「龍泉寺」が確認できる。この龍泉寺は天正五（一五七七）年に吉木地区から草野地区に拠点を移動したとある（「草野系図（合原氏蔵）」）。この寺の移転は先に述べた。寺の宗旨は不明であるが、祈禱系の寺院であろう。

若宮八幡宮の位置　龍泉寺の東に広がる若宮地区にある。若宮を名乗る地区は広く、このお宮は若宮尾（1）に鎮座する。若宮尾でも吉野尾でも、○○尾という地名は丘陵の先端地区をいうようだ。若宮八幡宮はこの地区で最も高い地点に位置している。龍泉寺と若宮八幡宮の間に永禅寺[49]が見えるが、この寺は若宮八幡の神宮寺ではないかと考えている。

吉野尾館を中心に東に龍泉寺・若宮八幡宮、西に禅長寺と寺社が配置され、位置は確定できないが、小森大明神・宝蔵寺などがあった。背後には山城（竹ノ城・物見櫓）がある景観が復元できるのである。この景観は遅くとも鎌倉時代後期から南北朝期には成立していたと考えている。この地が草野氏の鎌倉・南北朝期の領域支配の拠点であったということができよう。この時期の復元案が図六である。

図５　久留米市草野町吉木地区の字図（昭和40年。久留米市教育委員会提供）
※図左端の「観光寺」は誤記で、「観興寺」のことである

■付論・戦国期の城下町としての吉野尾館

この吉野尾館の前面に広がる地区は、室町・戦国期の草野氏の城下町であり、吉野尾館を包摂しながら拡大していったもので、前記の地区とは別の性格を有すると考えている。そのため、当面の課題である『観興寺縁起』とは直接に関係ないが、草野氏の成長を考える上で必要であるので、付論として詳述する。

家中小路　吉野尾館跡の北側の広い範囲に「○○小路」という地区が集中する。「草野氏家中小路　小路只今村内並畑下げ名に申伝候」（史料三）とあり、家臣団の居住地であったと伝承される。居館の北側・西側の下江下小路、東江下小路、西江下小路、上江下小路と名乗る部分が中心であり、その北側や西側

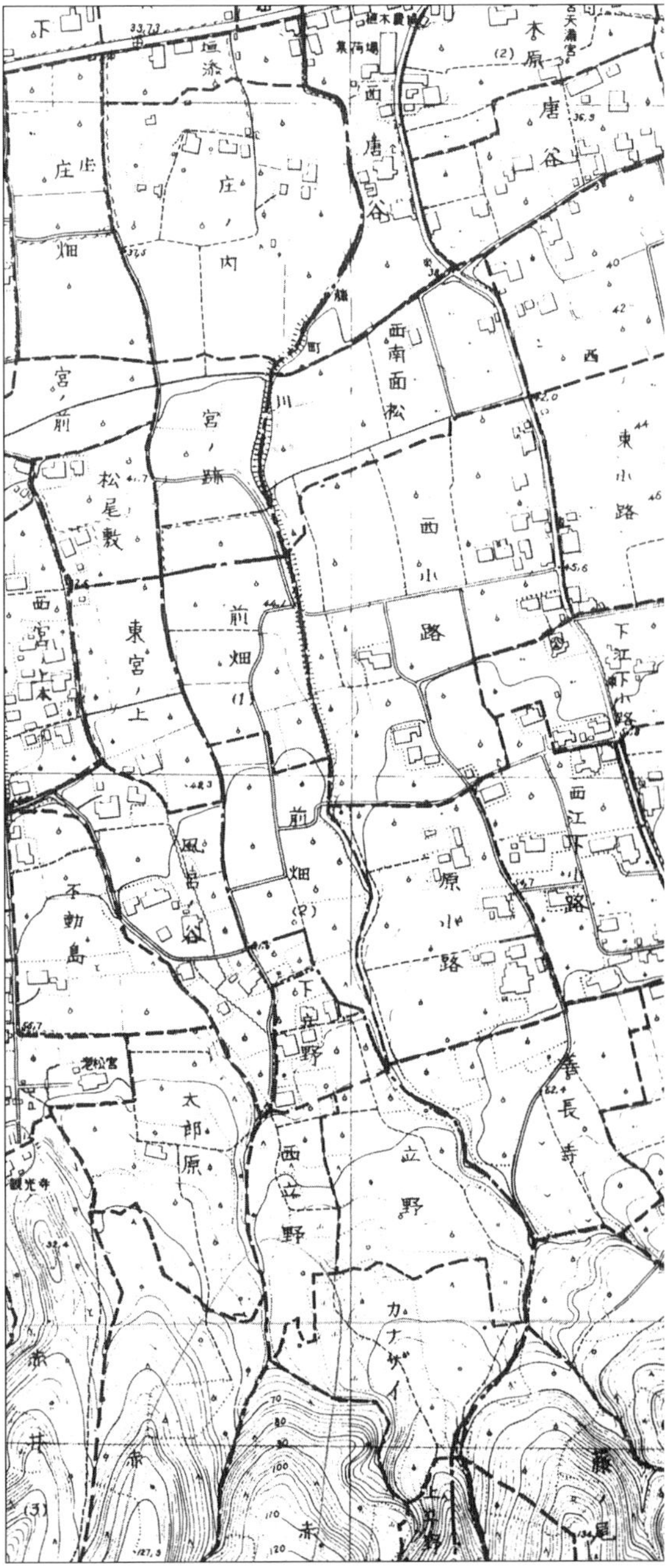

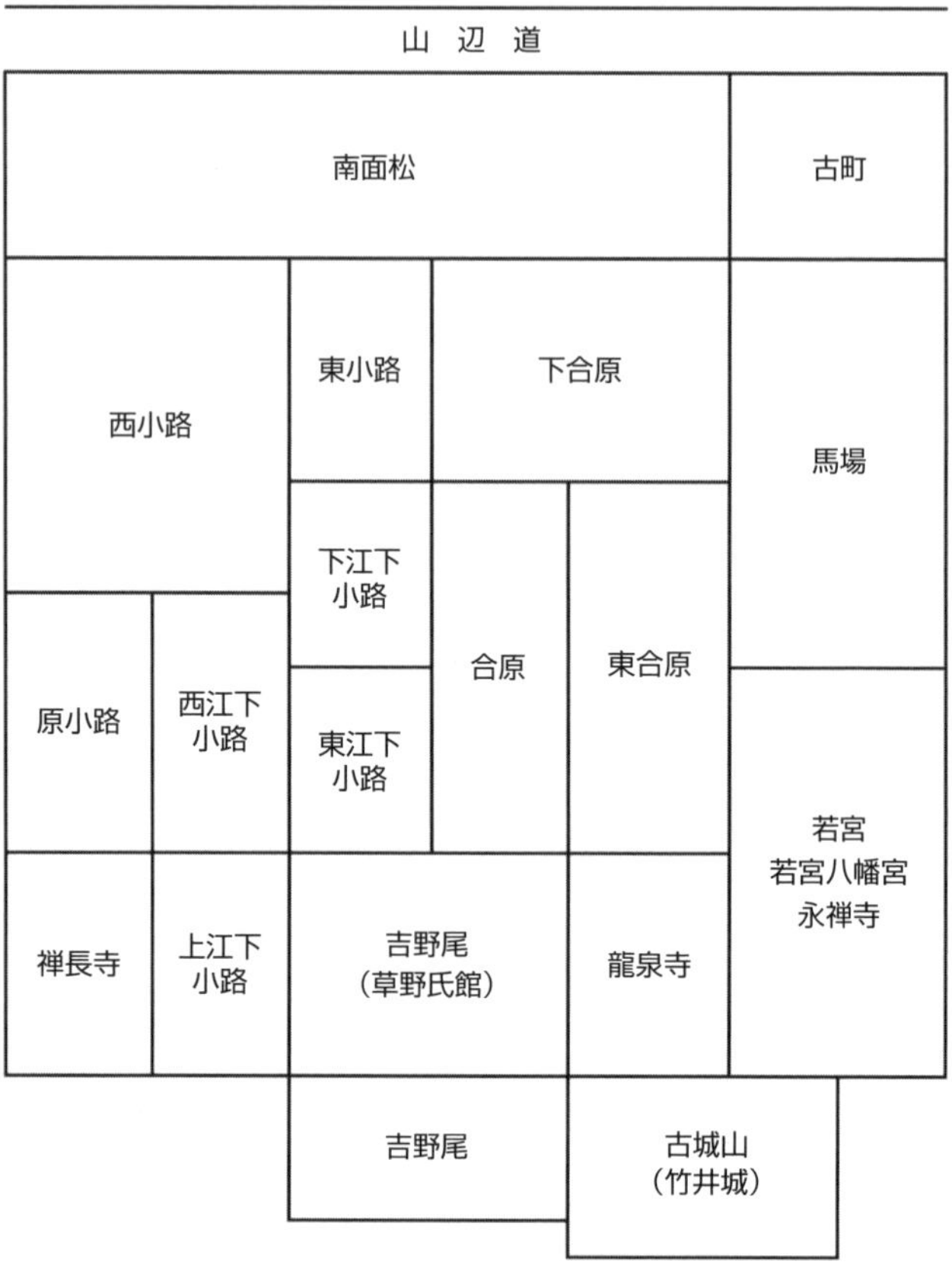

図6　草野氏吉野尾館周辺の復元図

に東小路、西小路、原小路が江下小路全体を囲むように配置されている。この家中小路の存在は家臣団の集住を示すものかと思われるが、草野氏の権力構造という視点から今後の検討が必要であろう。

原小路、西小路の西側は谷（藤町川）を境としている。藤町川はこの地区の西限となっており、そこから西に行けばすぐに老松宮・観興寺地区に達するのである。

南面松　南面松地区は先の小路地区の北側にある。現在は南面松と西南面松の二字地区からなる。総郭堀と築地の跡と伝えている（史料三・五）。この地域を防衛する役割を持った地区であった。この南面松の南側と北側の字境は直線的であることから計画的な工事が行われたことを示している。また西南面松の西端も藤町川を境としている。

馬　場　龍泉寺の北側に上馬場、中馬場、下馬場の字名が見える。馬術の訓練をするなど軍事的な役割を持つ地区であったろう。また、馬場地区の西側に広がる合原、東合原、下合原については、どのような性格を持つ地区かは不明である。

古　町　南面松の東端に接して「古町」（史料六）がある。「山本郡吉木村之上竹ノ城と申が草野殿居城ニ而、其頃ハ町も吉木ノ下ニ御座候由申伝候」（史料一）とあるのがこの古町であろう。「龍泉寺門前之人家、移草野」（史料九）とあるので、龍泉寺から古町に至る地域には人家が立っていた可能性も残される。この古町は商人・職人などが集住し、城下町に必要な物資の確保を行う機能を持つものであろう。

先に南面松の北側字境は直線的と指摘したが、これは中世の道路であったと考えられる。この道に面して古町が建設されているようだ。藤原重雄氏は、『観興寺縁起』では老松宮と普光院の間に古道が通過することに触れられているが、この道路と古町を通過していく道路とが同一のものかは判断を保留する。付け替えられた可能性もある。この地が古町と呼ばれているのは、ここにあった町が草野町草野へ移転し、かつての町が古町と呼ばれたのであろう。

他地区の城下町　耳納《みのう》山地沿いの在地豪族の山城と町の例をあげれば、麦生《むぎお》村（久留米市田主丸《たぬしまる》麦生）の山城でも麓の往還筋に町があり、(50)それが後に田主丸に移り吉田町となっている。うきは市の延寿寺《えんじゅじ》村でも星野氏がこの地に町を立てたとあり、それが後に吉井町となったとある。(51)耳納山地沿いの山城と麓の居館と道路沿いの町は、戦国末期にはよく見られた姿であったといえる。

戦国城下町としての吉木　家中小路・南面松・馬場・古町は先にあげた吉野尾館地区より遅れて、草野氏が南北朝・戦国期に台頭するに従って成立したものと考えている。草野氏は天正六（一五七八）年の日向耳川の合戦の豊後大友氏の敗北という大事件を経て、従来の吉野尾館と竹ノ城及び家臣団屋敷地や堀・

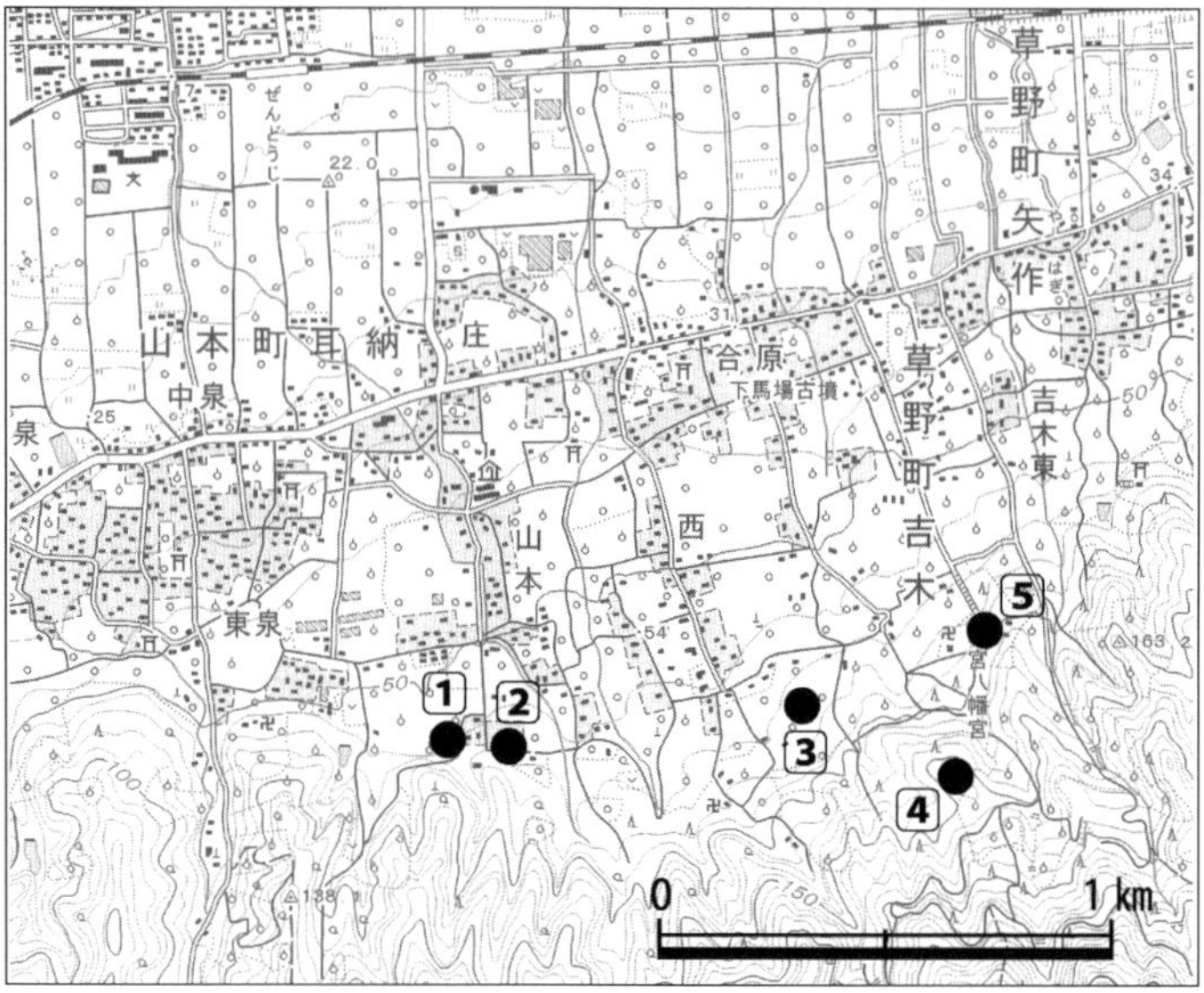

図７　観興寺・草野氏関係遺跡図
1観興寺／2老松宮／3吉野尾館／4竹井城／5若宮八幡宮
（国土地理院２万5000分の１地形図をもとに久留米市教育委員会・小澤太郎作成）

塀を持つ南面松の防御では激しくなる戦闘に耐えられないと判断し、天正七年に発心城を築き、その麓の草野地区に拠点を移したようだ。

　復元してきた姿は移転する前の最終的な発展形態を示すものである。鎌倉期の居館の時代から、戦国城下町への発展過程を、文献と地名を材料として考えてきた。これらの地名はその復元に有効であった。この復元の可否を決めるためには詳細な現地調査や発掘調査などが必要と考えている。

　文献と字図などで復元した戦国期の草野氏の城下町は図六のようになる。ちなみに、草野町草野が草野氏の城下町として紹介されることが多いが、草野氏の城下町は吉木にあった吉野尾館を中心とする時代と、天正七年頃に移転した草野町草野の時代の二時期があり、後者は天正七年から草野氏滅亡の同十六年までの短期間である。前者を草野氏の城下町として再評価すべきだろう。

『観興寺縁起』と草野氏 ―― 鎌倉時代後期の観興寺と吉野尾館跡

吉野尾館と観興寺　再び図五を見てほしい。善長寺の西側に、立野・太郎原地区を挟んで老松宮を確認できる。

このお宮は観興寺と一体のものであることはすでに述べた。観興寺がある地区と吉野尾館がある地区とは谷（藤町川）を挟むが隣接地区である。草野氏居館と観興寺は鎌倉後期には並立しており、両者は密接な関係を持っていたことが地理的にも推測される。また、観興寺は草野氏によって復興された寺院であり、政治的にも密接であった。

草野氏は、草野氏居館（吉野尾館）と観興寺が同時代に並立する姿を、縁起の同じ画面に実際の地理的な位置関係をデフォルメ（変形）して描かせたと考えるのである。

草野氏の山本郡支配　草野氏は文亀二（一五〇二）年の大友義長宛行《あてがい》状で「山本郡幷庄一円(52)」の知行が認められており、この支配はさらに時代的にさかのぼるものであろう。草野氏の支配領域であった山本郡にある神代館、万法寺、神代渡し、善導寺などを描いているのは、それらに対しての支配の正当性を絵画に表現したのである。また、高良社が描かれているのは、先に指摘したように草野氏が高良御宮在国司の職を持つことを示すため必須のことであった。観興寺の復興を記念する『観興寺縁起』は、草野氏の支配領域であった山本郡全域を描き、その中で草野家の支配にとって枢要な施設や場所が描かれているのである。

描かれた吉野尾館　古代以来の伝統を持つ観興寺を復興したことにより、同寺は古代寺院から中世寺院へと再生し、草野氏の政治的・宗教的な権威を体現することになった。その絵画的表現がこの縁起であった。

この縁起作成の中で支配の拠点である吉野尾館もモチーフとして描かれる必要があり、これを描き込むことで、この縁起も完結する。図一に見る縁起の左端中央の建物群は居館（吉野尾館）を描いたものと考える。左端中央の主屋とその周りにある四棟の建物、その前面に竹林で囲まれた建物（門か）がある一帯を館と推定している。

縁起絵が絵解きされる際に、観興寺の伽藍とそれを再興した草野氏の居館が説明されることになる。結縁者は縁起を目の前にして草野氏の支配と権威を確認することになったのである。藤原氏の「濃密に土地の記憶を含んだこの作品の在地性の強さは地図・地誌的とも言え」るという指摘に対して、この縁起は草野氏の領域支配が強く打ち出された作品ということを追加できると思う。

この縁起には草野永平の功績が色濃く描かれているが、十三世紀後半を生きた草野家当主は、草野家の支配の正当性を源平合戦に求め、描かせたのであろう。また、宗教的には観興寺の本尊である千手観音像が祀られた伝説（縁起）を下敷きにして、古代氏族と草野氏を結びつける草野常門という人物を作り上げ、山本郡において古代以来の伝統を持つ宗教的な権威を草野家が吸収し、強化したことが描かれているのであろう。

おわりに

草野氏は、長寛二（一一六四）年に草野吉木に入部したことになっているが、筑後国衙の在庁であり、在国司・押領使の両職の権威を持って山本郡衙の機能を継承・吸収する形で、この地区に入ったと考えている。

平安時代末に筑後国の在庁官人として筑後に入った草野氏は、その拠点として吉野尾館を建設した。それと並行するような形で、古代以来の歴史を持つ寺院である観興寺を鎌倉時代中期に再興した。草野氏は龍泉寺・禅長寺を建立しているが、両者は草野家の菩提寺、祈禱寺としての機能を持つ寺院であった。それに対して観興寺の再興は、古代以来の山本郡内に観興寺が持っていた宗教的な権威を継承するという政治的な行為であった。古代氏族の没落と、この地区の支配者としての中世草野氏の登場となったのである。観興寺の復興を記念する『観興寺縁起』は、草野氏の支配領域であった山本郡全域を描き、領域支配の実態を表現するものであったといえるだろう。

〈草野氏居館・寺院関係の史料(53)〉

史料一　石原為平『石原家記』　寛文七（一六六七）年条

○山本郡吉木村

耳納山ノ中竹ノ城

一古城口東　但庄屋居村より己ノ方三十町程、東西四拾間、南北五十間
○同郡小山田村
耳納山ノ中発心城
一古城　但庄屋居村より南ノ間弐十町程、東西百三十間、南北百間
右発心城之立初ハ天文之頃と申伝候、当年迄百三十年ニ成申候、其以前ハ山本郡吉木村之上竹ノ城と申が草野殿居城ニ而、其頃ハ町も吉木ノ下ニ御座候由申伝候、天文之頃諸国闘論之時分ニ而御座候得は竹ノ城ハ小城ニてやうかい悪敷御座候ニ付、発心山ニ御取替之由申伝候（後略）
　寛文七年未九月十一日　吉井村大庄屋四郎左衛門ほか五名

史料二　西以三『筑後地鑑』天和二（一六八二）年
一吉木村竹ノ城ハ、耳納山ノ内ナリ。東面ノ山城ニシテ、東西四十間、南北五十間、草野氏代々ノ城ナリ。天正五年丁丑、大友義鎮日向ノ陣ニ敗北シテ後、豊筑肥分裂シテ、列国雄ヲ争ヒ、郡国擾乱ノ時、此城要害浅陋ナリ。故ニ城ヲ持スルコト能ハザルヲ謀リ、新ニ発心嶽ニ城キ、四方ノ敵ヲ待チ、戦闘スルモノ久シ。
一発心城【小山田村ニ属ス】ハ東西百三十間、南北百間、耳納山ノ内ナリ。南ハ上妻郡北河内、山北ハ山本郡小山田村境ノ山城ナリ。此時大友、島津、龍造寺魏呉蜀ノ戦ヲナシ、就中当州ハ紛乱シテ、鳥鵲樹ヲ失フ。爰ニ草野右衛門督鎮永ハ従来大友ノ幕下ナリシガ、天正十三年、大友ニ叛キテ龍造寺ニ帰シ、嫡男播千代丸、隆信ノ為ニ質子トナル。茲レニ因リテ大友憤ヲ発シ、数々軍勢ヲ遣シテ草野城

ヲ攻メ、秋月長門守、高良山良寛力を戮セテ、屢々発心城ヲ攻ムト雖モ、城堅クシテ容易ニ潰エ難ク、
互ニ攻守スルコト三年ニ及ブ（後略）

史料三『寛延記』（神社寺院古城跡等之書付）寛延二（一七四九）年

吉木村

一若宮八幡
草野太郎永平の時、摂州大坂平野より勧請、本地は仁徳天皇御霊幷相殿高良大明神・住吉大明神三所
一社に御鎮座、草野庄累代の宗廟御祈願所、社領拾弐町被為寄附、年中四度の祭礼、吉木原茶臼塚と
申所神輿行幸御座候由社記に申伝候。尤元亀年中草野中務太輔鎮貞神殿造営と古き棟木に御座候

一小森大明神
昔時は神殿御座候由申伝、近世まで宝殿の丸柱・鳥井の地幅石残り居申候由。御霊魂は松浦草野次郎
豊前の守秀永と有り、昔時従神祇官受勅命神号下給と申伝、草野氏代々山城の麓吉野尾御館下に小森
あり

一藪神辻堂　八ケ処　申伝なし
一武井城　右同断
一釣井城　右同断
一禅長寺跡　草野氏代々菩提所の由申伝、今に墓御座候
一草野氏家中小路　小路只今村内並畑下げ名に申伝候

一組板原と申所　豊後軍勢屯跡と申伝候
一南面松と申筋　惣郭堀・築地跡の由申伝候
巳十二月　吉木村庄屋　市次郎

史料四　杉山正仲・小川正格『筑後志』　安永六（一七七七）年

○竹之城址　山本郡吉木村に在り。草野氏累代の居城なり。耳納山の連峯にして、東西四十間、南北五十間、東面の山城なり。天正年中、九国擾乱の時、此の城要害固からざるに依りて、新城を発心嶽に築きて遷住せり。

○発心城址　山本郡小山田村にあり。草野右衛門督鎮永か堡城なり。第一城縦三十五間、横十一間、第二城縦三十間、横十三間、耳納山に連続して、要害険難を帯びたる山城なり。天正年中、秀吉公蜂須賀阿波守に命じて、鎮永を賺殺し、忽ち敗滅に及べり。

史料五　久徳重恭（淡居）か『筑後秘鑑』　安永七（一七七八）年か

若宮八幡宮　在吉木村
草野太郎大夫永平摂州大坂より勧請す、縁起に委し有別紙
小森大明神　在吉木村
七代草野豊前守秀永の霊を祀る、草野家の記ニ見へたり、草野家代々尊敬の神なり
永禅寺　同上

本尊薬師を安置し境内に雪舟作の築山有り

吉木村

草野家累世領地なり、今に所々士屋敷小路跡残れり、当村庄屋草野系図所持せり

竹之城跡　在吉木村之内耳納山之内

草野三郎永経より十七代長門守鎮永後改左衛門尉家清まで相続して居城す

○旧誌曰山本郡吉木村竹之城ハ耳納山ノ内也、東面山城、東西四十間南北五十間、草野氏代々城也

吉野尾館跡　竹城の下ニ在、草野家常居の館なり

禅長寺之旧跡　同上

草野家代々の菩提寺なり、累世十七代の墳墓ありしが、山汐以後二基残れり、一基は銘定かならず一基は

鎮清と有り、家清之始名

俎坂原　同上　豊後の軍勢屯跡と云へり

南面松　同上　惣郭堀・築地跡といへり

（中略）

発心城跡　発心山の頂にあり

左衛門尉家清始名鎮清、天正七年新に築く、同十五年破却、草野家の紀に見へたり

史料六　伊藤常足編『太宰管内志』筑後国山本郡若宮八幡社条　天保十二（一八四一）年

若宮八幡社は山本郡吉木村にありて、乾ノ方に向へり、村上山ノ麓聊高き処にあり、祭礼八月十一月ノ

十五日にあり、神官合原掃部是に奉す、草野家代々の城跡と云ふもの吉木村ノ南ノ方なる山上にあり。其下に下屋敷の跡あり。発心岳に移りしは後の事なり。故に吉木村ノ内に古町と云所あり。町屋は今の草野ノ町に移せるなり。草野町今は二百軒斗りあり。此町に祇園ノ社あり。合原氏は今も草野大宮司と名乗るなり

史料七 矢野一貞『筑後将士軍談』巻四十五・四十七　嘉永六（一八五三）年

吉木村竹之城跡

耳納山中ニアリ、東面也、東西四十間、南北五十間、草野氏代々ノ居城也 集記○按若宮縁起・寛延記、作武井城

同村吉野尾館跡

同氏代々ノ居館也 寛延記○又云、惣郭築地ノ跡是ヲ南面松ト云、家中小路ノ跡ハ今田畠ノホノケニ残レリ

吉木村古墳

禅長寺ノ跡ハ村中ニアリ、草野家代々ノ菩提所ニテ墳墓アリ 寛○八幡社ノ西二町許ニ古墳アリ、草野氏ノ墓ト云

史料八『筑後将士軍談』巻三十二所収「草野系図（観興寺蔵）」

永平　草野太郎大夫、筑後守頼朝公ヨリ御下文アリ、文治二丙午年筑後国在国司、若宮八幡宮勧請、肥前国鏡宮社司神職、文治四戊申年善長寺及宝蔵寺建立、承元二庚辰年善導寺創造○今按、合原氏所蔵、

有文治二年之棟札銘云、草野太郎（大夫）藤原永平、可疑者也

史料九『筑後将士軍談』巻三十二所収「草野系図（合原氏蔵）」

永平　伝同上、一本若宮縁起云、永経永平父子、文治中詣鎌倉途、至難波、聞京師乱、直卒兵攻上、大有軍功、頼朝賞其功、賜采地三千町及美婦二人、永平携之、帰郷、室拒不入、二婦共投千歳河死、永平深歎之、取其袖納之、為一寺曰龍泉寺、天正五年築城発心岳、引籠龍泉寺門前之人家、移草野、初向京師時、詣平野若宮、祈武運、及戦有応、故創若宮祠於此地、文治二年十二月三十日落成、建久三年営栄円寺、令僧弁長住之時、問法（後略）

註

（1）藤原重雄「『観興寺縁起絵』における在地的描写　掛幅縁起絵の景観表現」（佐野みどり・加須屋誠・藤原重雄編『中世絵画のマトリックスⅡ』青簡舎、二〇一四）

（2）久留米市教育委員会編『郷土の文化財』（一九九三）及び久留米市立草野歴史資料館編『筑後の古刹観興寺宝物展　草野常門とカヤの木伝説を訪ねて』（一九八七）を参照。後者には原本である重要文化財『観興寺縁起』と天保十一年模写本の写真が掲載されている。両者を比較できるものとして貴重である。

（3）草野永平の没年は建久六（一一九五）年（『鎮西歴代誌』）と元仁元（一二二四）年（『筑後将士軍談』巻三十二）の二説がある。これらから永平は十三世紀前半には死去していたことになろう。

（4）註1・2と同じ

（5）久留米市立草野歴史資料館に天保図の複製が展示されているが、特別展開催時には収納される場合もあるので、

見学の際には事前に問い合わせが必要である。

(6) 太宰府天満宮の複写本については橋富博喜「絹本著色観興寺縁起」(『久留米市史』第十三巻資料編美術・工芸、一九九六)に図版が掲載されている。東京国立博物館所蔵の太宰府天満宮本の複写については註1文献に言及がある。

(7) 弘安三年庚辰六月八日「筑後国高良御宮在国司藤原永基先祖相伝所帯所職惣間帳事(写)」(『久留米市史』第七巻資料編古代・中世、一九九二所収「草野文書」三号文書)

(8) 永勝寺は天武天皇九(六八〇)年の天武天皇の勅願により創建と伝わる。白川院の頃には本坊禅定坊を中心に三十六坊あったという(「耳納北麓の社寺3　柳坂山永勝寺〈曹洞宗〉」(『久留米市立草野歴史資料館だより』第三号、一九八五))。承久三(一二二一)年の「高良玉垂宮神仏事本定額幷新供僧番帳」に後に高良山座主となる柳坂厳琳の名が見られる(『久留米市史』第七巻資料編古代・中世所収「御船文書」一号文書)。境内から、奈良時代の軒丸・軒平瓦が出土しており古代寺院であるが、「柳坂山　戊寅」の文字を持つ軒丸瓦があり、応永五(一三九八)年のものとされている。室町期も隆盛した寺院であった。

(9) 筑後地方での山城の築城は南北朝期以降であると考えており、草野氏が城に籠もって戦うということはなかったと思う。

(10) 古賀正美「神代山安国寺について」(『久留米郷土研究会誌』第十二号、一九八三)。また発掘調査の成果に基づき、久留米市教育委員会編『東部地区埋蔵文化財調査報告書』第十二集(久留米市文化財調査報告書第八十三集、一九九三)に再論している。

(11) 「将軍家政所下文」(久留米市教育委員会編『高良大社所蔵歴史資料』久留米市文化財調査報告書第四二三集、二〇二〇所収「古文書再写」)。『久留米市史』第七巻資料編古代・中世にも採録されている。

(12) 太田亮「神代氏」(『高良山史』神道史学会、一九六二)。神代対馬守顕元は永正年間(一五〇四―一二一)、別説

では天文年間（一五三二—五五）に神代を離れ肥前に行くとある（『筑後将士軍談』巻四十）。

(13)「天正三年家久公御上京日記抄録」（『久留米市史』第七巻資料編古代・中世所収）。「二日辰の刻に打立行は、町末にて別当くしとてとられ候。それより隈代の渡ちん、又草野殿の関、さて行は、（後略）」とある。隈代（神代）の渡賃を取ったのは草野家と理解している。

(14) 川添昭二「筑後善導寺の建立と草野氏」（九州歴史資料館『九州の寺社シリーズ5　筑後大本山善導寺』一九八一）

(15) 寛文十（一六七〇）年の観興寺雲堯の藩への書上の表題に「山本山普光院観興寺」とある（『寛文十年久留米藩寺院開基』久留米史料叢書第七集、久留米郷土研究会、一九八二）。

(16)「耳納北麓の社寺11　老松宮」（『久留米市立草野歴史資料館だより』第十二号、一九八九）

(17) 久留米市教育委員会編『不光院遺跡』久留米市文化財調査報告書第一〇五集、一九九六

(18) 鶴久嗣郎「筑後観興寺の古瓦」（九州考古学会編『九州考古学』十三号、一九六一）。図版は註2草野歴史資料館文献にある。

(19)『筑後将士軍談』巻四十七及び『太宰管内志』筑後国山本郡観興寺条に記載がある。

(20) 註6橋富論文

(21) 註18と同じ。この瓦の図版は註2草野歴史資料館文献にある。

(22)『寛延記』山本郡飯田村条に「一館　壱ケ所　飯田六郎永信館跡と申伝候」とある。「草野系図（観興寺蔵）」では、永経の三男は「飯田六郎永信、剃髪して寂西法師と号し、宝治三年寂」とある（『筑後将士軍談』巻三十一）。

(23)『久留米市史』第一巻第二編第二章第四節「筑後川河南の条里制」（一九八一）に次のような記載がある。この部分を執筆した樋口一成氏は「山本郡条里とは方向を異にする地割が草野町吉木の若宮八幡宮参道（N—一七度—W）を東辺とし、小字名『古町』『南面松』を中心とする方六町の範囲で整然と遺存するが、古記録によれば筑後国在国司草野太郎永平の居館跡であると言われている。域内から出土する奈良～平安時代の遺物から見て、この地

割の起源を山本郡衙のころまでさかのぼらせることができるのではなかろうか」と述べられる。この説に従えば、草野家は郡衙を吸収することで草野に定着した可能性を指摘できる。

(24)『高良山高隆寺縁起』(『久留米市史』第七巻資料編古代・中世所収)。同縁起によれば、高隆寺は白鳳十三年に創建され、その供養を行ったものとして「弓削郷戸主草部公」が見える。さらに弘仁元(八一〇)年に高隆寺講堂を改造した際には大領草部公吉継・少領草部公の名が見える。郡名が欠けているが、御井郡の郡司であろう。

(25)伊藤常足編『太宰管内志(筑後志)』(りーぶる出版企画、一九七七)山門郡草壁郷条

(26)註25と同じ。なお郡司が草部氏であったなら、『観興寺縁起』にある「草野常門」について、草部から草野への一字の変更は容易なことであったと考えうる。この作為は古代氏族である草部氏と中世草野氏をたやすく結びつけることになったのであろう。

(27)『久留米市史』第七巻資料編古代・中世、第三篇「古代・中世遺文抄」

(28)註14と同じ。大城美知信氏は、草野氏は草野を本拠とした在地勢力であるという説を提出している(『田主丸町誌第二巻　ムラとムラビト(上)』一九九六)。

(29)九州大学所蔵「草野文書」所収の草野系図に草野三郎蔵人永経が長寛二(一一六四)年筑後国入国、山本郡草野吉木に居城とある。

(30)註14と同じ

(31)註7と同じ

(32)『久留米市史』第七巻資料編古代・中世所収「『高良記』紙背文書」六号文書

(33)藤本頼人「中世国衙の一側面　筑後国在国司と高良社」(日本歴史学会編『日本歴史』六六五号、吉川弘文館、二〇〇三)

(34)荒木尚・川添昭二・古賀寿・山中耕作編著『高良玉垂宮神秘書　同紙背』高良大社、一九七二

(35)註34と同じ

(36) 草野氏が帯びた高良御宮在国司は国庁の祭祀をも掌握していたと考えている。
(37) 松村一良「筑後国府跡」(『久留米市史』第十二巻資料編考古、一九九四)
(38) 註34と同じ
(39) 註33と同じ。この在国居屋敷の継続期間から想定できるのは、この時期は草野永平が在国司であった時期と重なるということである。この居屋敷と草野氏との関係で検討してみることが今後の課題である。
(40) 紹介した史料は以下による。
史料一 『石原家記』上巻、筑後史談会、一九四一(名著出版、一九七三復刻)
史料二 『筑後地鑑』(『校訂筑後地誌叢書』筑後遺籍刊行会、一九二九所収。歴史図書社、一九七七復刻)
史料三 『寛延記 久留米藩庄屋書上』久留米史料叢書三、久留米郷土研究会、一九七六
史料四 『校訂筑後志』本荘知新堂、一九〇七(久留米郷土研究会、一九七四復刻)
史料五 『筑後秘鑑』(「篠山神社文庫」三七八号文書)
史料六 『太宰管内志(筑後志)』りーぶる出版企画、一九七七
史料七・八・九 『校訂筑後国史 筑後将士軍談』中巻・下巻、筑後遺籍刊行会、一九二七(名著出版、一九七二復刻)
(41) 久留米市指定文化財である『紙本著色若宮八幡宮縁起』の竹井城の幅に「武井城」と「物見矢倉」が描かれている。この作品は江戸中期以後のものとされており、「竹ノ城」から「武(竹)井城」への名称の変化は意外と新しいのかもしれない。
(42) 『久留米市史』第七巻資料編古代・中世所収「草野文書」八号文書、瀬野精一郎編『南北朝遺文 九州編』第二巻、東京堂出版、一九八一、二四〇二号文書
(43) 『久留米市史』第七巻資料編古代・中世所収「草野文書」十一号文書
(44) 註14に草野永平の信仰は天台であったとされている。

（45）猫尾城主であった黒木助能が文治二（一一八六）年に在京の時、待宵の小侍従という官女を賜り、猫尾城に召し連れ帰ると、本妻はそれを聞いて矢部川の淵に身を投げ、十二人の女房たちも御供した。それで後に霊社三像を祀ったという築地御前霊社の伝説がある。この伝説の成立には高野山の講坊との関係が深いとされている（山中耕作「待宵の小侍従伝説考」（伝承文学研究会編『伝承文学研究』十二号、一九七一））。この伝説と龍泉寺の伝承が類似することから、この寺院の成立に真言宗側からの働きかけがあったのかもしれない。

（46）発心城の築城については天正五（一五七七）年説（史料二・九）と天正七年（史料五）がある。史料二では天正五年に大友勢が日向耳川で敗北して、豊後・筑後・肥前において政治的混乱が起き、従来の竹ノ城では防衛できないので発心城を築いたとある。しかし、この合戦は天正六年十一月に大友氏側が敗北して終わることから、天正五年ではなく、この敗北を受けて天正七年に築城が行われたと考えている。「門司聖親軍忠状」（「豊前門司文書」、『久留米市史』第七巻資料編古代・中世所収）によれば、応安八（一三七五）年に門司聖親が今川貞世に従い各地で戦った際、麦生・紅桃林・発所嶽・高良山での軍忠をあげている。この発所嶽は発心嶽のことであろうから、草野氏が天正七年に城を築く前に、前身の城郭が築かれていた可能性がある。

（47）三井郡社会科同好会『郷土資料集』一九五八。『紙本著色若宮八幡宮縁起』の竹井城幅に小森大明神と善長寺の間に宝蔵寺が描かれている。この寺院の詳細は不明である。

（48）伊藤常足編『太宰管内志』

（49）永禅寺は寛文十（一六七〇）年段階では、曹洞宗千光寺の末寺となっている（『寛文十年久留米藩寺院開基』）。

（50）『寛延記』竹野郡東西麦生村条

（51）『寛延記』生葉郡延寿寺村条

（52）『久留米市史』第七巻資料編古代・中世所収「草野文書」二十七号文書

（53）註40と同じ

第三章

肥前・筑後地方の応永地蔵板碑の造立とその意義

はじめに ―― 地蔵板碑の研究史と課題の所在

応永地蔵板碑《いたび》とは、肥前・筑後の限定された範囲に、ほぼ応永年間（一三九四―一四二八）に造立された、自然石に地蔵を彫像した板碑の総称である(1)。

久留米地区の応永地蔵板碑の調査と研究は坂田健一氏によって昭和四十六（一九七一）年頃から始められている。まず昭和四十九年に古くから知られていた長門石《ながといし》町の七木《ななき》の地蔵板碑が久留米市最初の有形民俗文化財に指定され、それに次いで坂田氏によって調査・確認されたものが昭和五十三年六月に五件（称名院・日輪寺・医王寺・岩井・横馬場）同時に市有形民俗文化財となった。指定名称は地名・所在地から「〇〇の地蔵菩薩彫像板碑」とされている。昭和五十七年にはさらに二件（中島・白口）が指定された。その後、平成二十二（二〇一〇）年遍照院、同二十四年厨《くりや》の地蔵が指定され、現在、久留米市内では地蔵菩薩彫像板碑十基が指定物件となっている。

坂田氏は昭和五十六年に「応永地蔵」という論考(2)で、それまでの調査成果と考察を発表されている。これは応永地蔵研究において必ず触れなければならない記念碑的な論考である。その要旨は次の三点に要約できる。

①応永年間に彫顕《ちょうけん》された浮彫様式のもので、自然石の平坦面を頭光・身光の大きさに彫りくぼめ、蓮座に立つ地蔵尊を彫現しており、面長の面貌で両足首を左右に開き、しかも平面的に描写されている、

とその特徴を述べる。

②地蔵の持物の違いに基づく分布論として、筑後川右岸の板碑は七木地蔵板碑のように右手に錫杖《しゃくじょう》、左手に宝珠《ほうじゅ》を持ち、筑後川左岸の板碑は左手に宝珠を持ち、右手は与願印《よがんいん》を示すという、儀軌が違う形態があることを指摘する。

③この地蔵板碑の造顕の背景として、応永年間は南北朝の合一を見て、戦乱の休止符が打たれたが、身心とも疲弊した民心をいやす間もなく大内義弘による応永の乱、対馬への外冦などもあり、戦乱を逃れ後生安楽を求めて地蔵菩薩の慈悲にすがろうとする人々の心情が地蔵信仰を盛行させ、板碑の彫顕に進ませた、と板碑の建立の歴史的な背景を説明する。

①では地蔵板碑の特徴を述べており、この規定は研究の前提となっている。②は、応永地蔵は筑後川左岸と右岸の地蔵で儀軌が違い、地域的特色があることを指摘したものである。ほぼ同時期に地蔵板碑の造立が行われているが、なぜこの像容の違いがあるか説明されていない。さらに、この地蔵の分布については、後に触れるが、久留米地区（旧三潴《みずま》郡・旧御井郡）と肥前の旧三根《みね》郡・旧養父《やぶ》郡・旧基肄《きい》郡、神埼郡にしか確認できない。その背景を探ることも課題となる。地蔵板碑の造顕の背景については、戦乱を逃れて後生安楽を求めて地

厨の地蔵板碑（久留米市京町・坂本繁二郎生家へ移転。旧所在地は久留米市東合川町）

瀬ノ尾地蔵板碑（佐賀県神埼郡吉野ヶ里町。吉野ヶ里町教育委員会提供）

蔵菩薩の慈悲にすがることは、どの中世社会でもあったことである。なぜ応永年間なのかを詰められていない。このように坂田氏の論考から今後解明すべき課題が多く提起されている。

昭和五十八年には『北茂安《きたしげやす》町の史話伝説』(3)が発刊され、北茂安町内の五基の地蔵菩薩について報告がある。その中で久留米市内の医王寺・横馬場・岩井・日輪寺・称名院の地蔵が、近隣にある地蔵として紹介されている。肥前側から久留米の地蔵板碑に触れたものとして嚆矢であろう。

昭和六十一年には坂田氏は『久留米市史』第五巻(4)で地蔵菩薩板碑について詳説されているが、昭和五十六年段階の報告と大きく変わった点はないと思う。

平成十七年、筆者は久留米市と北茂安地区(5)の地蔵板碑を取り上げ、その分布から高良山、大善寺玉垂宮《たまたれぐう》、千栗《ちりく》八幡宮、久留米坊という各地区に有力な顕密寺社があり、共通の宗教的基盤を持ち、それを受けて各地で地蔵板碑の造立がなされたと仮説を提出した(6)。この仮説について現在まで関説したものは見ないが、この仮説を再検討し、先の課題となっている点を考えてみるのも本章の目的となっている。

肥前地区でも地蔵板碑について関心が深まっており、平成十八年には神埼郡吉野ヶ里町で、三基の応永地蔵板碑が町指定有形民俗文化財となった。この三基が現状では佐賀県の最も南にあるものとなろう。

同二十年には松隈嵩氏が、野副《のぞえ》自然石地蔵影像板碑（貞和二〔一三四六〕年造立で、応永のものではない）などの鳥栖市内の板碑を紹介するとともに、北茂安町・基山町・久留米市などに所在する地蔵板碑について紹介している。(7) 松隈氏はこれらの地蔵板碑について、自然石に地蔵菩薩を浮き彫りしたものであることから、自然石地蔵影像板碑の名称を用いられている。さらに同二十一年には松隈氏が『基山町史』下巻で、基山町伊勢前の天神山自然石地蔵影像板碑を紹介され、この板碑は応永五年の造立であり、肥前国最北のものとされている。(8) この報告によって、肥前地方の地蔵板碑造立の地域がほぼ確定したが、応永地蔵の研究は肥前・筑後を対象に行うことが必要となっている。

平成二十二年には久留米市が市内の十基の地蔵菩薩影像板碑を紹介する小冊子を発行し、(9) 同二十五年には『郷土の文化財（第七版）』で市内の地蔵板碑を紹介している。(10)

天神山自然石地蔵影像板碑
（佐賀県三養基郡基山町伊勢前。
基山町教育委員会提供）

野副自然石地蔵影像板碑
（佐賀県鳥栖市立石町。
鳥栖市教育委員会提供）

研究史の検討で浮かび上がった課題は多いが、本章ではまず筑後地方の地蔵信仰の受容の歴史を押さえることにする。それを受けて、肥前・筑後の寺社と地蔵板碑の分布の関係を検討し、地蔵板碑の出現の歴史的な意義を考えることで、先の課題に迫っていきたい。

久留米地方の地蔵信仰の受容

■高良山の地蔵信仰

久留米地方の地蔵信仰についての古い記録は、高良山の諸堂の由来・縁起などを集めた『筑後国高良山寺院興起之記』(11)（以下、『寺院興起之記』と略称する）にある浄福寺の記録である。内容を概略紹介する。この史料の本文中にある「嘉曆造替記一巻」とは嘉曆二（一三二七）年のことであり、十四世紀前半代以降の成立となる。

阿曇大鷹見麻呂《あずみのおおたかみまろ》は遊猟を好み、鵜《う》や籠を使い魚を捕っていた。しかし、志は深く仏典にあって朝晩、弥陀の宝号を唱え、寝る場に弥陀尊を安置し、出離・生死・福業を祈っていた。ところが、天長八（八三一）年七月に少しの病で亡くなり、鷹見麻呂は弥陀の白毫《びゃくごう》の光に乗って西を指して飛び去った。物部浪芳麻呂《もののべのなみよしまろ》はこの鷹見の往生を見て、常に遊猟を好んでいた彼が往生できるなら、衆人は皆殺生をするだろうと誹謗した。浪芳麻呂はその夜の夢で、牛頭《ごず》・馬頭《めず》・阿防《あぼう》・羅刹《らせつ》などとあい、夜叉《やしゃ》形のもの数十輩もやってきて浪芳麻呂を担ぎ、閻羅《えんら》庁に連れていかれ、八大地獄をめぐり無数の呵責《かしゃく》を蒙り、また、閻魔王の前に連れていかれ、罪疏《ざいそ》（罪の内容を書いた書類）から、阿鼻《あび》地獄に送られそうになった。

そこに一人の沙門《しゃもん》（地蔵）が現れ、閻魔王に言った。この罪人（波芳麻呂）は善人（鷹見麻呂）を誹謗する科は甚だ深いが、わずかな善行も行っている。娑婆《しゃば》で磯名麻呂というものが石の六地蔵を作った。その一つの地蔵が、池に落ちて久しかったが、この罪人は池を干し魚を捕らえる際に、地蔵が泥に汚れているのを見て、清水をもって汚穢《おわい》を除き五尊と並び立てた。沙門はこれを浪芳麻呂の善根であると言い、閻魔王に強いて乞うて、浪芳麻呂の手を取って地獄から救い出した。

浪芳麻呂は夢から覚めると、体中の筋骨がしびれて痛く、顔は青草のように真っ青であった。浪芳麻呂は杖に助けられ鷹見の家に向かい、彼の親族に尊霊を誹謗した科により閻魔の呵責にあったこと、叫喚《きょうかん》焦熱《しょうねつ》の苦悩を語り、涙を流し悔謝した。

その後、浪芳麻呂は石地蔵を刻み草堂に安置し、深く仏理に帰入し、地蔵を仰信《ごうしん》した。浪芳麻呂の手足には焼き跡が残っていたという。これは承和九（八四二）年のことであるという。

この記事は九世紀前半のこととされ、この時期に高良山で地蔵信仰が行われていたという伝承である。また、長々紹介したのは、この説話の内容は地蔵菩薩の霊験を語るものとして典型的であり、このような形で地蔵信仰が説かれたと考えられるためである。また、鷹見麻呂は「志ハ深ク仏典ニ在リ。晨昏弥陀ノ宝号ヲ唱へ、寝近ニ弥陀尊ヲ安ンジ」とあるように、地蔵信仰の出現に浄土教への信仰が関係している記事があることも注意される。(12)

この『寺院興起之記』は四十一か所の高良山内・山下の寺院・堂塔の由来・縁起を記すが、「観音寺」の記事では「（隆慶）上人山ニ帰リテ精舎ヲ起シ、観世音菩薩ヲ安ズ」、「千手堂」では「一宇ヲ経営シ千手大悲ノ聖像ヲ安ンジ奉ル」と明確に本尊と堂宇を記している。

しかし、この浄福寺の記録では、浪芳麻呂は「石地蔵ヲ刻ミテ草堂ニ安ンジ奉リ時々罪障懺悔シテ、還テ仏リニ帰入ス」とあるだけで、地蔵がこの寺の本尊であったと記すことはなく、草堂が浄福寺の前身とも記していない。この記録が作成された時に、すでに寺院としての実態を失っており、かつての伝承を採録したと考えるべきであろう。

この推測を補強するものとして『高良山諸堂記』[13]がある。その内容は、高良山内の諸堂のうちで少し損じているが現存し、また、わずかにその姿を残している十四か堂舎と、わずかにその遺址を残す二十六か寺院を記録している。この記録に記載された寺院は『寺院興起之記』にほぼ出てくるが、そのうちの二十六か寺が廃絶していると記すことから、この史料は『寺院興起之記』以降に成立したものである。廃絶した寺院に「浄福寺・地蔵堂」という記載がある。浄福寺と地蔵堂を別のものと理解するのか、浄福寺地蔵堂と一体とするか判断に苦しむが、廃絶した寺院の中に浄福寺と密接な関係がある地蔵堂があったことになる。

六地蔵について説いている経典は、日本では平安末期から鎌倉初期に偽撰されたものとされているので、六地蔵が出てくるこの説話の平安前期の年代は信頼を置けない[14]。鎌倉後期には高良山に地蔵堂が存続しており、この説話ではその由緒として九世紀中頃の伝承が記録されたとするべきだろう。

『高良大社縁起』（福岡県指定文化財）には先の「地蔵堂」が描かれており、高良山には地蔵信仰が根づき中世にも信仰が受容されていたことが分かる[15]。江戸前期の寛文十（一六七〇）年の記録では、高良山の地主権現であった高牟礼《たかむれ》権現の本地は地蔵菩薩であり、また山王権現の七社の一つである客人《まろうど》社の本地も地蔵菩薩であった。下宮社の九体の王子の一つである宅主神の本地も地蔵菩薩とされている。(16) この事例はどれぐらいさかのぼるか明らかでないが、中世の高良山の地蔵信仰の定着を示すものであろう。

■鎌倉時代の地蔵信仰 ―― 旧三潴郡を中心に

筑後地方で地蔵を本尊とする寺院について旧三潴郡を中心に取り上げる。(17)

安武長法寺（廃寺）は正応元（一二八八）年の開基といわれ、本来は安武本村にあった寺院で、安武安房守の菩提寺と伝える。江戸期に移転し、現在も津福《つぶく》地蔵尊として祀られている。この像は木造地蔵菩薩坐像であり、久留米市の調査では南北朝期の作品とされている。(18) ただ、安武氏は永正五（一五〇八）年に豊後大友氏の旗下として安武に入部とあり（安武氏系図）(19)、菩提寺であったという伝承は検討の余地がある。

大善寺町夜明《よあけ》の朝日寺《ちようにちじ》は寛元三（一二四五）年に神子栄尊《しんしえいそん》が開基した禅宗の寺院であるが、この寺の本尊も地蔵菩薩である。この寺院の建立には地元の豪族であった藤吉氏が関係していると思われる。(20)

この他に廃寺となった流《ながれ》村（現久留米市三潴町西牟田）の持地山正覚寺は西牟田弥次郎夫人（妙智禅《みようちぜん》尼《に》）の菩提寺といい、本尊は木造地蔵菩薩であったようだ。(21)

鬼古賀村（現大川市）の安楽山浄土寺（廃寺）の本尊も木造地蔵菩薩像である。伝承では平家小松重盛の建立で、天正八（一五八〇）年に破却されたという。像は高さ四尺余あり、焼損しているが、左手に宝（珠玉か）を持つものであるという。右手に錫杖を持つものであったかもしれない。(22) 原中牟田村《はるなかむた》（現久留米市城島町）には江上氏の菩提寺と伝える妙蔵寺（廃寺）があったが、この寺の本尊も木像の地蔵菩薩像

であった。(23)

長法寺・朝日寺は鎌倉期の創建であり、鎌倉期には在地領主層に地蔵信仰が受容されていた。また、安武氏・藤吉氏・江上氏・西牟田氏などの各地の領主層が建立した寺院に地蔵が祀られ、菩提寺であったと伝承されており、一族の来世での救済を願うものであったろう。

戦国末の各領主の没落に伴い寺院も退転・荒廃し、江戸期に村人によってお堂などに祀られたのが、これらの地蔵像の伝来過程であろう。江戸時代の村人にとっても祀るべき菩薩としての地位を失っていなかったのである。

■中世荒木村の地蔵信仰について

旧三潴郡という限られた地域で、領主層の地蔵信仰の在り方を探ってみたが、在地領主が支配した中世村落での地蔵信仰の受容についても検討する。

荒木村は三潴庄東郷に入る村落で、この地を支配したのは荒木氏である。荒木氏は鎌倉幕府の御家人で、「荒木村内田地等地頭」として三潴郡荒木村地区を地盤とした領主である。

写しであるが中世文書を三十二点ほど残している。(24)明応年間（一四九二―一五〇一）頃には荒木氏から近藤氏に姓が変わっており、この文書群は「荒木近藤家文書」と呼ばれる。年紀を持つものでは、弘安四（一二八一）年が最も古く、天文三（一五三四）年が最も新しい。

これから検討する三点の「坪付《つぼつけ》」はいずれも年紀を欠く文書であるが（表一参照）、一点だけ近藤氏の名が出てくる。荒木氏が近藤氏を名乗るのは遅くとも十五世紀末頃と考えられるので、坪付が示す村の様相は遅くとも十五世紀末頃のものとしておく。なお、「坪付」とは、田地の所在地や面積を記した文書のことである。

荒木村坪付注進状の一部を紹介するが、(25) この坪付に見られる神仏の祭祀がいつから始まったか明らかで

表一　荒木村坪付注進状に見る神講免田一覧

荒木村坪付注進状（A）			荒木村坪付断簡（B）		近藤秀安注進状（C）		字図
御まつり田	五反	みや田			五段	御まつり田	宮田
修理田	五反	みや田			五段	修理田	
しとき田	二反	いむたしり					井牟田
五せんく田	二反二丈	よこまくら			二段二丈	五せんく田	
正月一日御供てん	三反	ふるおうち			三段	正月一日御供田	
地蔵免	一反一丈	いむたのかしら			一段一丈	地蔵免	井牟田
釈迦燈油田	一反二丈	小寺のうしろ	釈迦のとうゆめん			釈迦燈油免	寺ノ後
印鎰免	二丈	あかはけ	いんやくのめん		二丈	印鑰免	赤剥
薬師免	一反	まゑかわら	やくしのめん	きくかわら	□段	薬師免	前川原
観音奉供田	一反一丈	上別当	観音奏供田		一段一丈	観音供田	
天神田	一反	まえ田 さうつしり	天神田		一段	天神田	正尻
釈迦修正田	一反二丈		釈迦修正田		一段二丈	釈迦修正田	釈迦田
地蔵免	一反	たちはな	地蔵めん		一段一丈		
神講免田	二丁七反三丈		神講免田	二丁七反三丈	二丁七段三丈	神講免田	

※『久留米市史』第七巻資料編古代・中世所収「荒木近藤文書」の二十八号文書「荒木村坪付注進状」（A）、二十九号文書「荒木村坪付断簡」（B）、三十三号文書「近藤秀安注進状」（C）より作成した。

ない。荒木氏は鎌倉中期から荒木村を支配していた在地土豪であり、鎌倉中期には氏寺を建立している。(26) また村人の様々な神仏への信仰、村落共同体の宗教活動に対し、村落支配のため荒木氏は土地の寄進などを行ったのであろう。坪付には以下のように「神講免田」を受けた村内の神社・諸仏菩薩を記す。

注進

筑後国三潴庄荒木村坪付事

　　惣代田代　二十九丁九反一丈之内

一、神田分

一所　一丁ミや田　内 五反 御まつり田 / 五反 修理田

一所　しとき田　二反いむたしり　しときてん

一所　よこまくら　二反二丈　五せんく田

一所　ふるおうち　三反　正月一日御供てん

一所　一反一丈いむたのかしら　地蔵免

一所　小寺のうしろ　一反二丈釈迦　燈油田

一所　二丈あかはけ　印鎰免

一所　一反まゑかわら　薬師免

一所　一反一丈上別当　観音奉供田

一所　一反まえ田さうつしり　天神田
一所　一反二丈　釈迦修正田
一所　一反たちはな　地蔵免
已上神講免田二丁七反三丈
（後略）

表一に示すように、十三の免田の一筆ごとに所在地、面積、免田名などを記し、それらをまとめて神講免田と呼んでいる。御まつり（祭）田、しとき（粢）田、五せんく田（節供田）、元旦の御供田、天神田など、神社の維持や祭礼の執行に必要な経費などを負担するものと、薬師免、観音奉供田、釈迦修正田、地蔵免のような諸仏菩薩への免田などがある。

神社は領主や村落共同体の有力な百姓たちによって構成される宮座によって運営されたと推測されるが、神社の修理や祭礼の催行に必要な経費が、この免田などで賄われたのだろう。

観音、薬師、釈迦、地蔵などは祠（村堂）などに祀られて村の講衆により維持され、農村共同体の機能の一部である村中の年中行事や随時の祭礼や法要にそれぞれの役割を果たしたが、その維持・運営に必要な経費などを免田で賄ったのであろう。釈迦修正田の存在は恒例の正月の仏事が村人を主体として行われていたことを示す[27]が、これは荒木村だけではなく、三潴庄、さらに全国的に行われ、社会に深く定着した仏事であった。

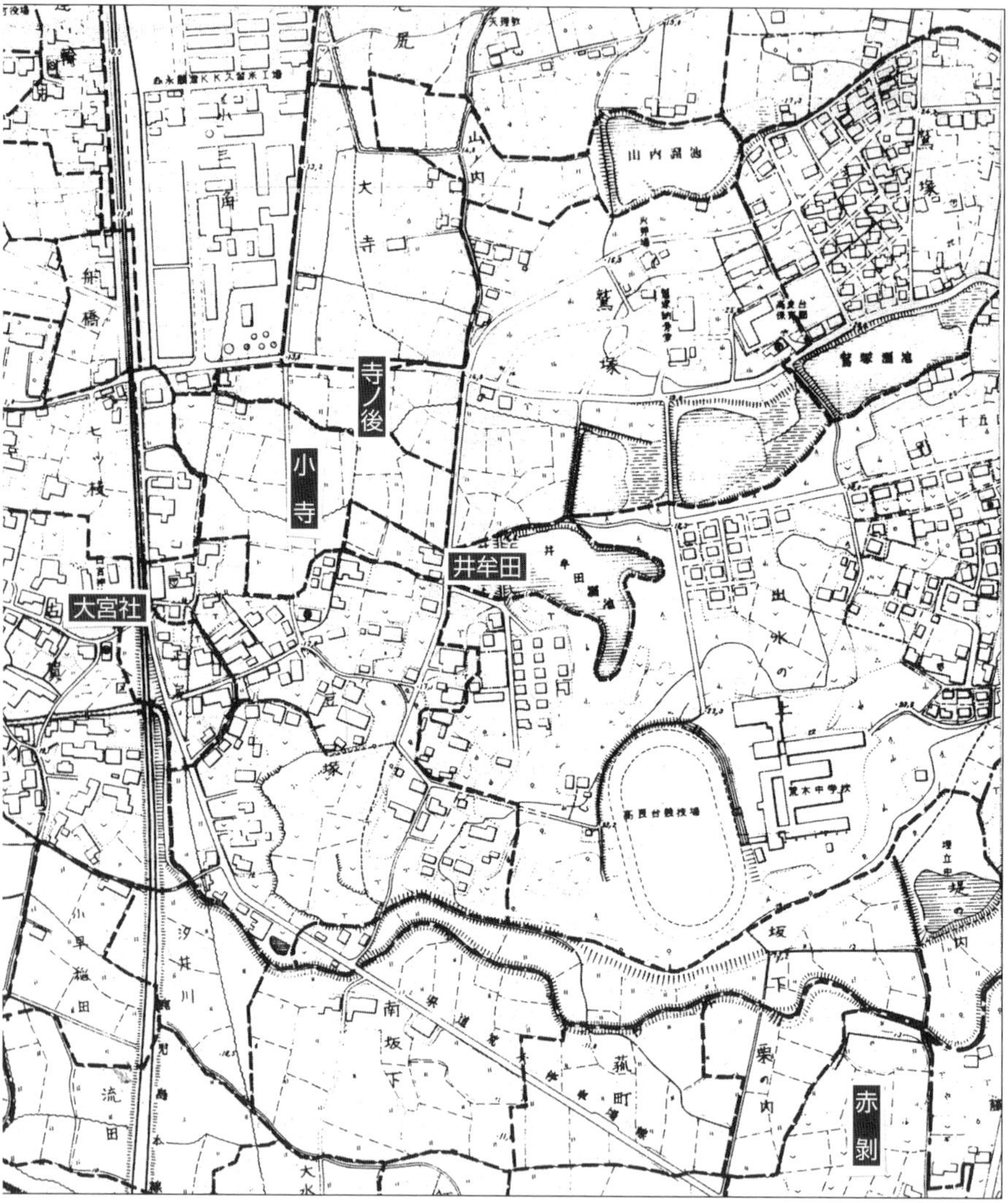

図１　久留米市荒木町荒木の字図（昭和40年。久留米市教育委員会提供、一部加筆）

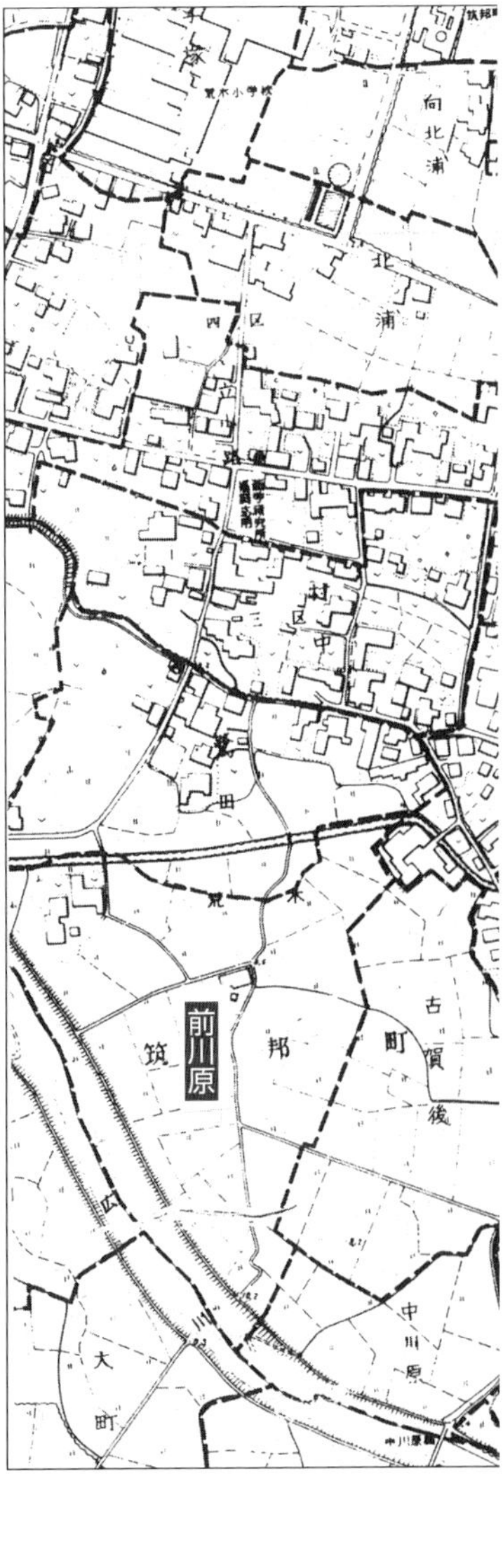

地蔵に関するものとして村内に「いむたのかしら一反一丈」と「たちはな一反」の二か所の地蔵免がある。「いむたのかしら」の位置は図一にあるように、字名「井牟田」と井牟田溜池周辺であろう。参考までに「しとき田」がある「いむたしり」も同地区であろうか。「たちはな」については字名が確認できず、位置が不明である。[28]

この二か所の免田は一体の地蔵への免田なのか、別々にある二体の地蔵への免田なのか分からない。これは領主による祭祀ではなく、村落内の地蔵を信仰する講衆よって祀られており、領主荒木氏は村落のこれらの諸仏菩薩への免田を認め、村落共同体の宗教的な支配の維持を図ったと思われる。

伊藤常足の荒木村調査

天保十二（一八四一）年以前に伊藤常足は荒木村の現地調査を行い、先の坪付を引用して詳しい報告を行っている。[29]この報告に見る諸仏神と先の坪付との関係について現存字名を参考に考えてみる。

大宮五十二社宮（現日吉神社、久留米市荒木町荒木）

荒木村の産神《うぶがみ》は大宮五十二社宮（現日吉神社）[30]と呼ばれ、神殿は南向きで林の中にあって三間社《さんげん》である。拝殿・楼門・石鳥居がある。天満宮も西向きで同じ境内にある。宮をめぐる垣を隔てて薬師堂・阿弥陀堂があり、比丘尼《びくに》がこれを守っているという。宮の後ろの御所塚という所に地蔵堂があり、村の墓所となっているとある。しかし、荒木村には地蔵が多いので、この坪付に出ている地蔵がどれに当たるか定めることができないという。

御所塚の地蔵堂に祀られた地蔵が、坪付にあった地蔵免の対象であった可能性がある。荒木村の墓所に祀られているので、この地蔵は村民の葬送などに深く関わり、また、冥界から村民を救済する宗教的な役割を持つ村堂として、室町期の村落共同体の生活に定着しており、その機能が江戸後期まで維持されていたと考えうるからである。

伊藤は、坪付にある印鎰《いんやく》社は印鎰（坪付では「あかはげ」）という所にあって塚の上に石碑を祀り、薬師堂は薬師（坪付では「まえかわら」）という所にあって現在も三畝ほどの免地があると述べている。「あかはげ」「まえかわら」はどちらも現存字名であり、その字の小祠がある地点が印鎰・薬師と呼ばれていたとすると、この二つの小祠の在り様も十五世紀代の姿を留めている可能性がある。

伊藤は、釈迦堂は小寺という所にあって九尺余の堂と庫裏《くり》があり、比丘尼がいたという。先の坪付によれば、釈迦燈油田は「小寺のうしろ」にあるされる。関連地名として字名「小寺」があり、その北側に字名「寺ノ後」が接する（図一参照）。この「寺ノ後（てらのうしろ）」は位置関係から当初は「小寺のうしろ」であり、「小」が失われ、現在の字名になったと推測している。

「小寺のうしろ」にあったという釈迦燈油田の位置は、この現存字名である「寺ノ後」の一部に当たるだろう。伊藤のいう「小寺」と「小寺のうしろ」の違いがあるが、江戸期にはこの地は総称として「小寺」と呼ばれ、それを聞き取り記録したとすれば、釈迦堂はこの地にあり、燈油田はこの地区の一部であったとすることができる。坪付にある中世の荒木村内の多様な神仏の多くは、江戸後期まで村内に存続し祀られていたようだ。

「いむたのかしら」「たちはな」にあった地蔵免との関係が確定できなかったが、御所塚の地蔵堂は村の墓所に祀られ、村落共同体にとって重要な位置を占めており、先の諸仏神と同様の歴史的経過を持って江戸期まで存続していたと推測している。

高良山と三潴郡全域及び中世荒木村についての検討で、鎌倉期から高良山や各地の領主層への地蔵信仰の定着を確認した。さらに中世荒木村には十五世紀段階で様々な諸仏菩薩の信仰があり、中でも地蔵には二か所の免田が設定されるなど、村の墓所の地蔵堂として村民の精神生活に深く入り込んでいた可能性を指摘できたと思う。このような地蔵信仰の村落への定着は、応永の地蔵板碑の造立という宗教運動の基盤になったといえそうである。

応永地蔵板碑の分布と寺社

■久留米坊について

応永の地蔵板碑は分布図（図二）に示すように福岡県久留米市域及び筑後川対岸の佐賀県北茂安地区、

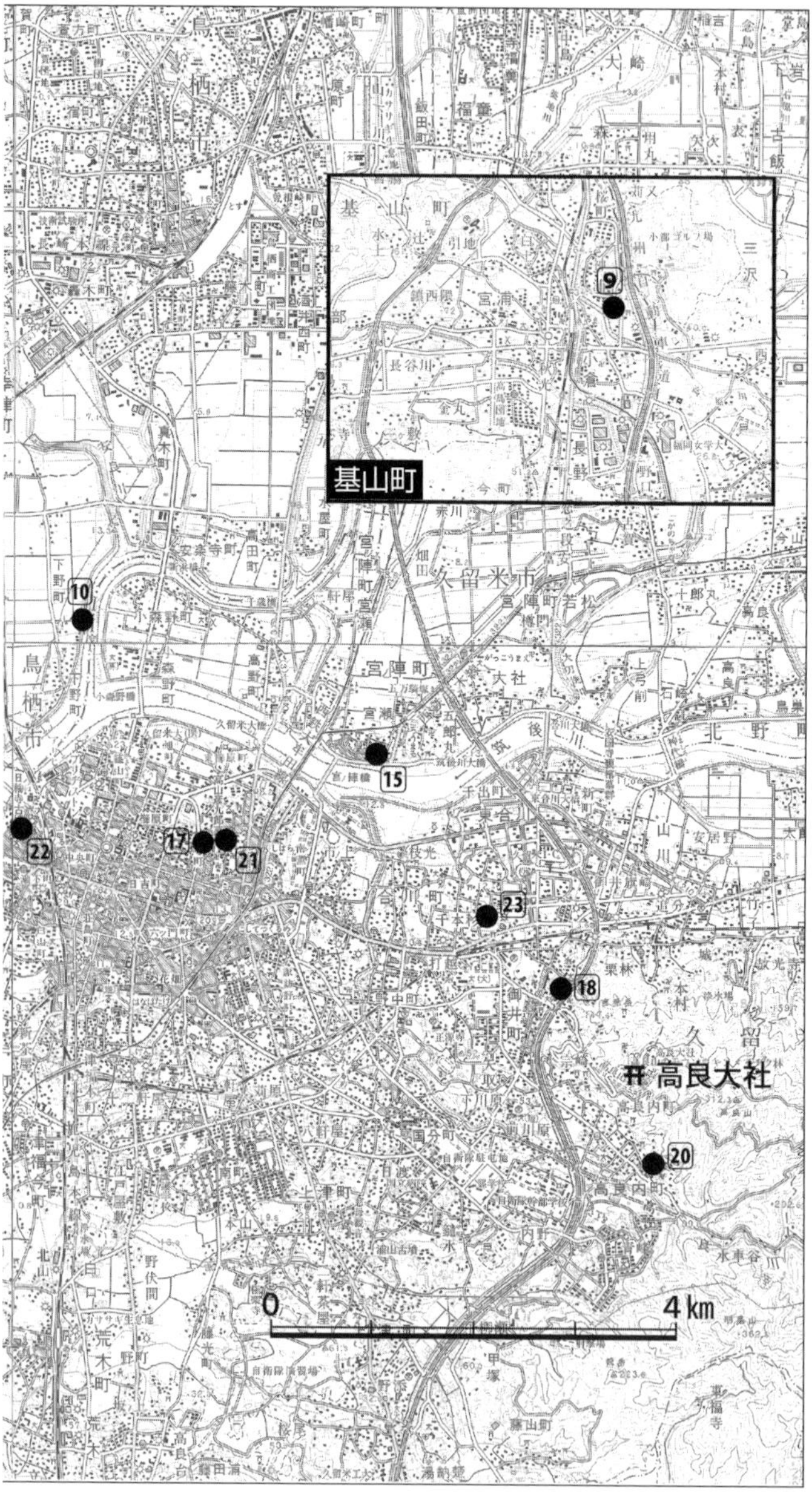

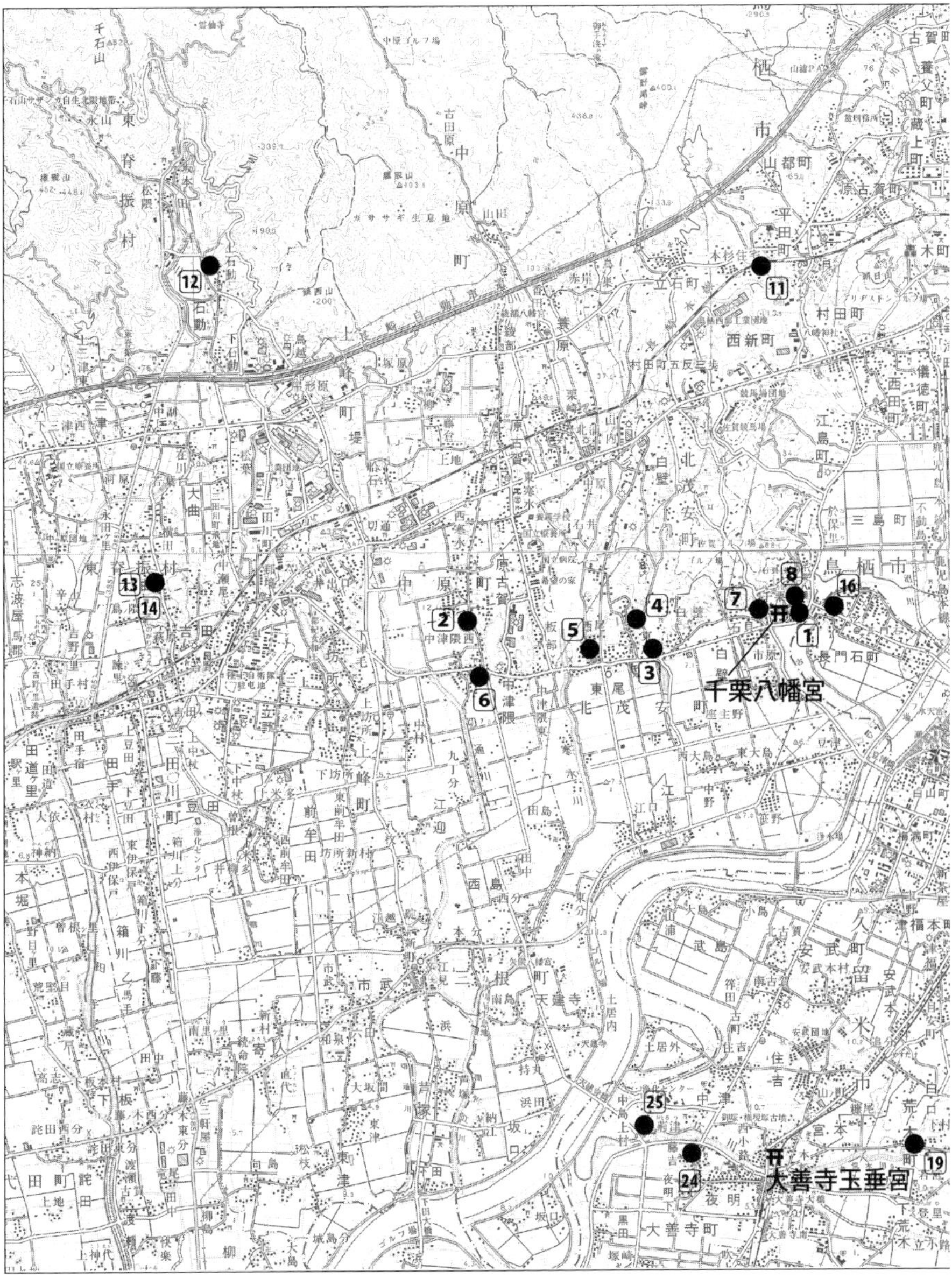

図２　筑後・肥前地方の応永地蔵板碑分布図（1－25は表２の番号と対応）
（国土地理院２万5000分の１地形図をもとに久留米市教育委員会・小澤太郎作成）

表二　北茂安町（現みやき町の一部）・基山町・鳥栖市・吉野ヶ里町・久留米市所在の応永地蔵菩薩影像板碑一覧（アミ掛けは久留米市外）

	名称	所在地	造立年代	持物	材質	関連寺社	備考	文献
1	千栗地蔵菩薩影像板碑	三養基郡北茂安町千栗大師堂	明徳2年（1391）	右：錫杖 左：宝珠	安山岩	千栗八幡宮	町指定	北茂安町の史話伝説
2	中津隈地蔵菩薩影像板碑	同町中津隈東ツーロード墓地	応永31年（1424）	右：錫杖 左：宝珠	安山岩	千栗八幡宮	町指定	同
3	東尾小原隈地蔵菩薩影像板碑	同町東尾字小原	無銘	右：錫杖 左：宝珠	安山岩	千栗八幡宮		同
4	東尾大塚地蔵菩薩影像板碑	同町東尾字大塚	無銘	右：錫杖 左：宝珠	安山岩	千栗八幡宮	半跏像	同
5	西尾地蔵菩薩影像板碑	同町東尾字西尾長谷川観音堂	応永	右：錫杖 左：宝珠	安山岩	千栗八幡宮		同
6	徳音寺地蔵菩薩影像板碑	同町中津隈徳音寺	無銘（応永の早い時期か）	右：錫杖 左：宝珠	花崗岩	千栗八幡宮	七木、中津隈地蔵と似た彫り方	同
7	宇土地蔵菩薩影像板碑	同町白壁宇土観音堂	無銘	右：錫杖 左：宝珠	安山岩	千栗八幡宮	中津隈地蔵と似る	同
8	千栗井戸地蔵菩薩影像板碑	同町白壁千栗井戸	応（応の略字）	右：錫杖 左：宝珠	安山岩	千栗八幡宮		同
9	天神山自然石地蔵影像板碑	基山町伊勢前	（応永）5年	右：錫杖 左：宝珠	安山岩	千栗八幡宮	最北の板碑	基山町史
10	下野水天神社自然石地蔵影像板碑	鳥栖市下野町水天神社	無銘	右：錫杖 左：宝珠	緑泥片岩	千栗八幡宮		鳥栖市誌
11	地蔵原自然石地蔵影像板碑	同市平田町字地蔵原	無銘	右：錫杖 左：宝珠	花崗岩	千栗八幡宮		鳥栖市誌
12	上石動地蔵菩薩影像板碑	神埼郡吉野ヶ里町石動	無銘	右：錫杖 左：宝珠	花崗岩	千栗八幡宮	水引地蔵の伝承、町指定	町広報誌

13	瀬ノ尾地蔵菩薩彫像板碑一号碑	同町大曲	無銘	右：錫杖 左：宝珠	花崗岩	千栗八幡宮	体干（からたけ）地蔵、町指定	同
14	瀬ノ尾地蔵菩薩彫像板碑二号碑	同町大曲	無銘	右：錫杖 左：宝珠	花崗岩	千栗八幡宮	体干地蔵、町指定	同
15	国分寺の地蔵来迎図板碑	久留米市宮ノ陣	正平22年（1367）	右：錫杖 左：宝珠	板状自然石		県指定	久留米市史
16	七木の地蔵菩薩彫像板碑	同市長門石5丁目	応永3年（1396）	右：錫杖 左：宝珠	砂岩	千栗八幡宮	市指定	同
17	医王寺の地蔵菩薩彫像板碑	同市寺町	応永5年（1398）	右：与願印 左：宝珠	火成岩	久留米坊	同	同
18	岩井の地蔵菩薩彫像板碑	同市山川町	応永11年（1404）	右：与願印 左：宝珠	火成岩	高良玉垂宮	同	同
19	白口の地蔵菩薩彫像板碑	同市荒木町白口	応永11年（1404）	右：与願印 左：宝珠	火成岩	大善寺玉垂宮	同	同
20	横馬場の地蔵菩薩彫像板碑	同市高良内町	応永11年（1404）	右：与願印 左：宝珠	安山岩	高良玉垂宮	同	同
21	遍照院の地蔵菩薩彫像板碑	同市寺町	応□	右：与願印？ 左：宝珠	安山岩	久留米坊	同	同
22	日輪寺の地蔵菩薩彫像板碑	同市京町	応永22年（1415）	印相・持物不明	火成岩	久留米坊	同	同
23	厨の地蔵菩薩彫像板碑	同市東合川町	応永25年（1418）		火成岩	高良玉垂宮	同	同
24	称名院の地蔵菩薩彫像板碑	同市大善寺町藤吉	応永28年（1421）	右：与願印 左：宝珠	結晶片岩	大善寺玉垂宮	同	同
25	中島の地蔵菩薩彫像板碑	同市大善寺町中津	無銘	右：与願印 左：宝珠	片岩	大善寺玉垂宮	同	同

日輪寺の地蔵板碑（写真中央、久留米市京町）

鳥栖市・基山町地区、吉野ヶ里町地区に所在するが、これらは四つの地区に分けることができる。表二及び図二（分布図）から説明していく。

一つは高良玉垂宮（高良大社）が鎮座する高良山麓の岩井・横馬場・厨の三体の地蔵板碑が所在する地区である。二つめは遍照院・医王寺・日輪寺の地蔵が所在する地区である。現在の久留米市街地で、後に詳説するが、久留米坊の所在地に当たる。三つめは大善寺玉垂宮周辺の称名院・中島・白口の地蔵板碑が所在する地区である。四つめは北茂安地区の千栗八幡宮周辺の千栗・中《なか》津《つ》隈《くま》など十基の板碑群と鳥栖市・基山町地区の三基及び吉野ヶ里町地区の三基がある地区である。この地区は地蔵板碑が最も集中する地区である。

これらの地蔵が所在する地区には著名な寺社が所在する。それらの寺社が形成していた宗教的・文化的な諸関係は次節で詳説するが、先に久留米坊について触れておく。(31)

久留米という地名が史料で確認できるのは建武三（一三三六）年の「瀬高下庄々官等連署去渡状写」（鷹尾文書）(32)で、ひらがなで「くるめかた」と出てくる。「くるめかた」は久留米方としてよいのであれば、集団名と考えられる。次に出てくるのが貞和三（一三四七）年九月の「玉垂宮幷大善寺仏神免田注文事」

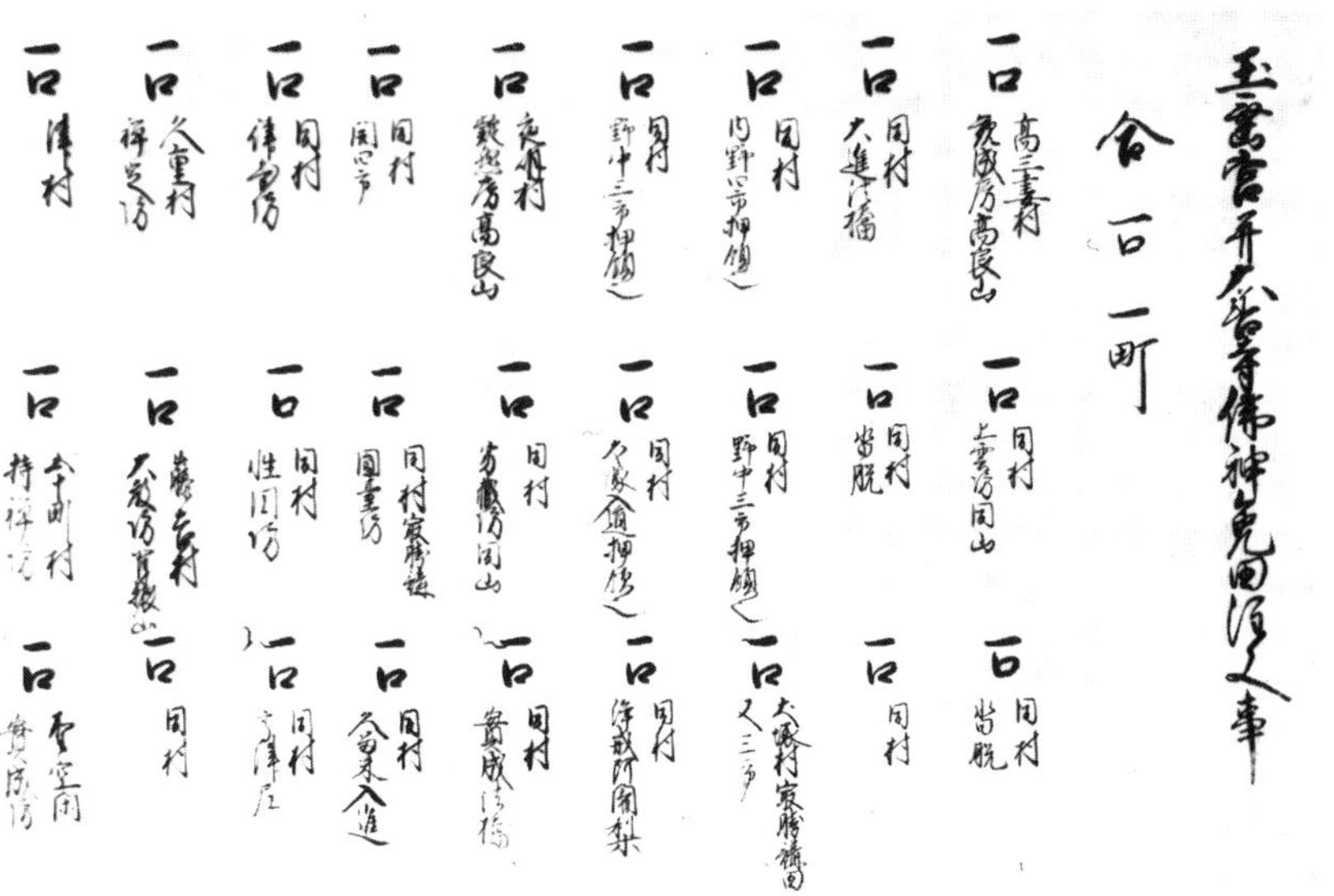

「玉垂宮并大善寺仏神免田注文事」(御船文書、久留米市教育委員会提供)
下段6行目に「久留米入道」と見える

(御船文書[33])である。これは高良玉垂宮と大善寺の祭祀に必要な費用を出す免田の所在地と、それを与えられる僧侶の書上であるが、その中に「一口同村(夜明村)　久留米入道」とある。これは久留米方に属する僧侶と考えられる。

大善寺地区の応永二十五(一四一八)年の「報恩寺寺領坪付」(隈文書[34])には「久留米屋敷そい」などの記載がある。文明年間(一四六九－八七)と推定される「田原親宗社領安堵状[35]」は津江山城守が押領した鰺坂《あじさか》のうち武清名を高良山久留米坊(久留米殿)に返還する内容であるが、久留米坊は高良山と密接な関係があることを示している。

さらに、戦国末に筆録された『高良玉垂宮神秘書同紙背[36]』には高良山の宮座を構成する「十二人ノオトナ」が記録されているが、クルメ(久留米)は五穀と榊を奉仕する村落とされており、久留米は高良山領の一部になっていたと考えられる。

十四世紀前半から十五世紀後半に確認できる「く

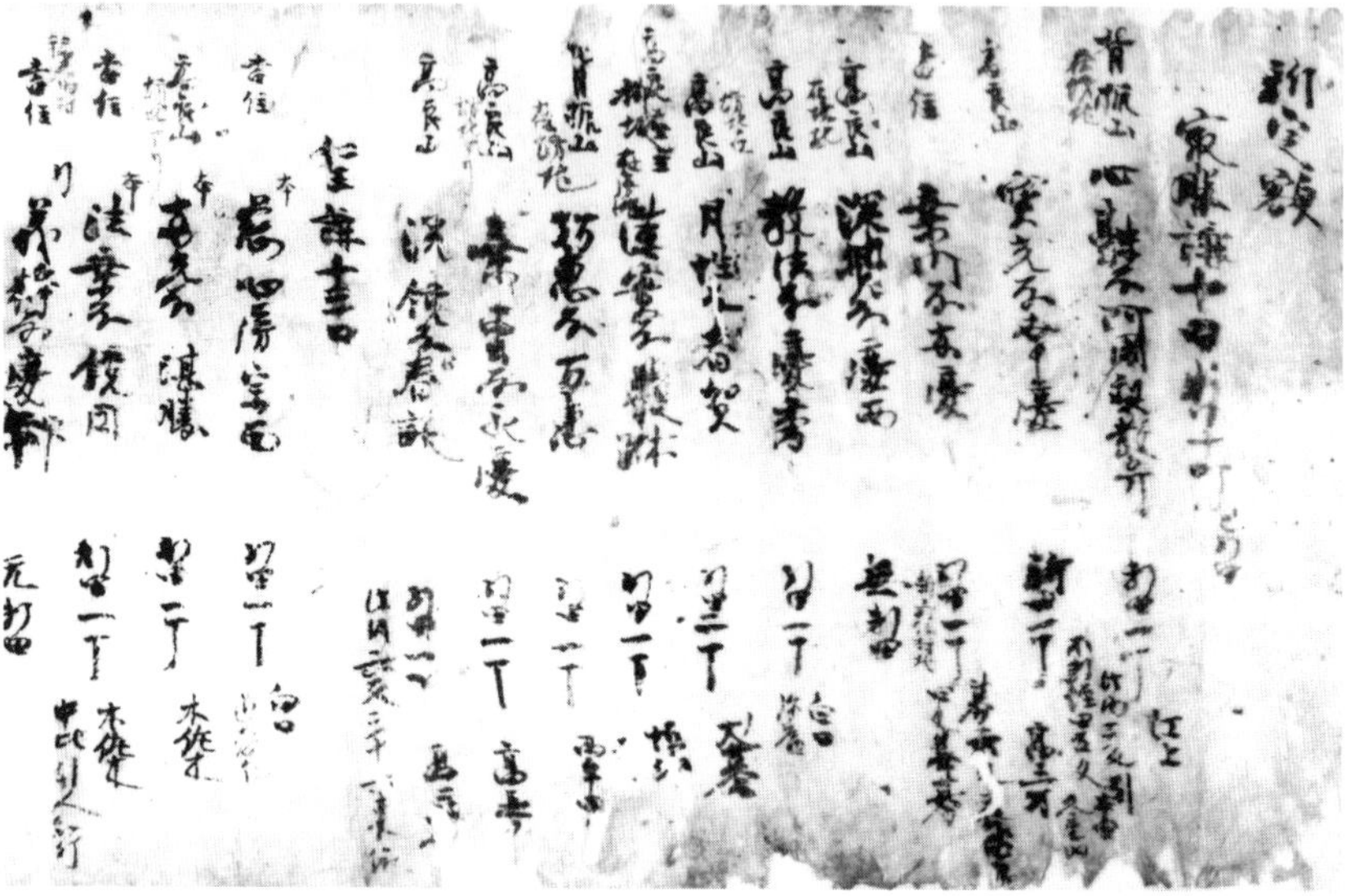

「高良玉垂宮神仏事本定額幷新供僧番帳」（御船文書、久留米市教育委員会提供）

るめかた」「久留米入道」「久留米坊」などの集団名・僧侶名などは久留米に居住した高良山の社僧であり、その居住地であったと思う。この地を拠点として活動した集団名が「久留米方」であり、その拠点施設が「久留米坊」と呼ばれたと考えている。

中世久留米は旧三瀦郡の村落であるが、旧御井郡と接しており、この地区に宗教勢力としての高良山勢力が存在したのであろう。久留米について最も古い史料が建武三年のものであり、鎌倉時代後期には久留米坊は成立していたのではなかろうか[37]。

肥前・筑後の顕密寺社について

承久三（一二二一）年九月廿八日の「高良玉垂宮神仏事本定額幷新供僧番帳」（御船文書[38]）は鎌倉時代初期の高良玉垂宮・大善寺玉垂宮などの宗教的な機能と信仰の実態を考えるのに重要な史料である。

この史料は、大善寺玉垂宮での本定額十五口、新定額の最勝講十口、仁王講十三口、理趣分一口、金剛般若五口、薬師経一口、金光明経三口、観音経一口、寿命経一口などの仏神事において、それぞれの経典の法会を執り行う僧侶の所属地と僧名及び料田面積、料田の所在地を記したものである。これらの法会の中で最勝講と仁王講は国家安穏・万民快楽を祈願する護国法会の中心法会であった。仁王経は仁王護国般若波羅蜜多経のことで、最勝経の金光明最勝王経及び法華経と並んで護国三部経といわれている(39)。

中世の仁王会は、天皇の命令によるものをはじめ、在地の寺院でも自発的に行われ、鎌倉時代には国一宮や惣社において国司や在庁官人によっても催された。また、荘園鎮守の寺社でもこの法会が行われたが、大善寺玉垂宮は三潴庄の惣鎮守であり、荘内の五穀豊穣・万民安穏を祈願したものである。

この史料の「最勝講十口」の部分を引用する。

（前略）

最勝講十口料田十町包別田

新定額

背振山 在坊地　心融房阿闍梨教弁　料田一丁　江上『此内二反引本由』『不断経田五反久□内』

高良山　宝光房幸慶　料田一丁　高三万

当住　乗門房安慶　料田一丁『新六仏村北』　募六反 四反葦墓

高良山『在坊地』　深勢房慶西　無料田

高良山『在坊地』　教法房慶秀　料田一丁　白口弥益
高良山　月性房春賀　料田二丁　犬墓
『高良山座主』柳坂『在坊地』　蓮実房厳琳　料田一丁　垣坂
背振山『在坊地』　巧恵房万恵　料田一丁　西牟田
高良山『在坊地アリ』　乗雲房永慶　料田一丁　高三万
高良山　深鏡房春詠　料田一丁　高三□
『此内六反三十六束□』

（後略）

引用した史料の僧侶の所属地に「背振山」「高良山」「当住」「柳坂」などの記載がある。高良山は高良玉垂宮が鎮座する山であり、古代以来、筑後地方の宗教的権威を有した山である。背振山は筑前・肥前の国境にそびえる霊山であり修験の山であった。(40)この史料の場合は、背振山系に所在する肥前国側の寺社群の総称であり、千栗八幡宮もそれに含まれると考えている。

当住とは大善寺に居住し活動する僧侶である。柳坂とは高良山の北の耳納《みのう》山麓にある地区で、奈良時代創建とされる柳坂山永勝寺がある。この寺院は厳琳《げんりん》の住房で、彼は後に高良山の二十五代座主《ざす》を勤めており、高良山と密接な関係があった。また、厳琳は後に大善寺夜明の朝日寺を開く神子栄尊を同地で保護・養育し、出家させたという。この僧の大善寺地区での法会以外の活動の一端が浮かび上がる。(41)

三潴庄惣鎮守である大善寺玉垂宮の法会を、高良山・柳坂・大善寺・背振山にそれぞれ拠点を置く寺院、僧侶たちが開催していた。肥後・筑後にわたる広域的な宗教圏を作り出し、共通の宗教思想の基盤を持って中世社会に深く定着していた法会の存在が明らかになる。

肥前・筑後の有力寺社を中心とする各地区の宗教圏があり、それらが結びつき、肥前・筑後を領域とする、さらに広域の宗教圏が形成されていたのである。この宗教圏は鎌倉時代初めに確認できることから、平安時代後期までさかのぼるものであろう。

これらの地区の寺社は顕密寺院である。黒田俊雄氏は顕密体制論を提起され、顕密寺院について述べられている[42]。顕密体制とは中世国家と仏教勢力が癒着構造を示すものであり、「旧仏教」が正統派として位置づけられている。「顕密」とは仏教を顕教と密教の二つに分け、両者を合わせて仏教全体を意味するものである。「旧仏教」のうち、真言宗が密教、奈良時代以前に伝来した法相宗、華厳宗など南都六宗に天台宗を加えたものが顕教とされている。朝廷は、顕教では延暦寺、園城寺、興福寺、東大寺、密教では延暦寺、円城寺、東寺などと密接な関係を持った。顕密体制論で正統派とされた「旧仏教」は顕密仏教と呼ばれ、浄土宗・浄土真宗などの「新仏教」を抑え主役となっていたという。

顕密体制論では旧仏教の影響力が大きく、その前提として、中世の国家は荘園の領主によって構成され、天皇によって統合されており、顕密仏教の有力寺院は荘園領主であるとともに国家的な祈禱を担うことで国家体制を支えていた。このような寺院の末端につながる下級僧侶は民衆を教化する役割を果たしたという。

この顕密体制の中で、先の大善寺での法会は地方寺社がその機能を果たしていることを示し、また、先に述べたように、中世荒木村における釈迦修正田の存在は、その法会が社会の基底まで深く定着していることを示す。

高良社、大善寺玉垂宮の八幡信仰も注目される。八幡信仰では、「神功皇后の三韓出兵」説話を前提に、異国降伏の神の神徳により「神風」が吹き元寇に勝利したと説く。この信仰は延慶元（一三〇八）年から文保二（一三一八）年頃に成立した『八幡愚童訓』によって広まり、その中で筑前の筥崎宮、筑後の高良社が登場する。また、干珠《かんじゅ》・満珠《まんじゅ》の霊験は肥前の河上社の縁起に影響を受けたものとされる。

この影響を受けて十四世紀前半に成立したものが『高良玉垂宮縁起』であり、これを描いたものが大善寺玉垂宮の『絹本著色玉垂宮縁起』（重要文化財）である。建徳元（一三七〇）年の制作とされている。同様な縁起を高良社も所蔵（福岡県指定文化財）しており、肥前の千栗八幡宮にも戦国末に制作された縁起が残る。本縁起も二幅からなるが、三韓出兵説話の幅はこの『玉垂宮縁起』を直接の手本としたと指摘されている(43)。

三社はいずれも八幡信仰に基づく縁起を持ち、その系譜から高良大社→大善寺玉垂宮→千栗八幡宮という流れが追える。十四世紀前半以降の八幡信仰の隆盛も、先の三社の地域に広がる宗教圏に支えられていたことが分かる。

また、千栗八幡宮は宇佐八幡宮の末社で宇佐神宮寺の弥勒寺に属していたが、山城国石清水八幡宮が弥勒寺領を石清水領に取り込むことになり、やがて当社は石清水八幡宮の九州五所八幡別宮となっている。寛喜二（一二三〇）年には当社の神体が焼失したことが朝廷で群議されており、重要視された神社であった。

このように三社は八幡信仰を基礎に深く結びついた寺社であったということができる[44]。千栗八幡宮は神事を担当する大宮司家三家と宮寺弥勒寺を担当する宮師大法師・上座大法師・惣検校大法師らによって運営されており、この千栗八幡宮も顕密寺社としての位置を占めていたのである[45]。

この筑後・肥前を越える宗教圏は十四世紀末から十五世紀初めにも確認できる。応永年間（一三九四－一四二八）に肥前北部と筑後北部に広がる地蔵菩薩信仰である。これを示すものとして地蔵菩薩彫像板碑の分布が見られるが、肥前千栗八幡宮周辺、大善寺玉垂宮周辺、久留米坊周辺、高良玉垂宮周辺への集中はすでに述べた。最も古い造立は千栗の地蔵板碑で明徳二（一三九一）年、最も新しいものは同じく千栗八幡周辺の中津隈の地蔵板碑で応永三十一（一四二四）年のものである。これらの地蔵菩薩板碑は像容や持物に違いが見られるが、自然石に地蔵菩薩を彫像することに共通点がある。応永年間にほぼ限定されるが、共通の宗教的基盤を持つ四つの地区が前提となっていた[46]ことが確認できる。

千栗八幡宮（佐賀県三養基郡みやき町）

応永地蔵板碑の出現について

■国分寺の地蔵来迎図板碑

石材に地蔵像を彫る板碑の出現は、久留米市域では南北朝期に見られる。久留米市宮ノ陣五丁目の国分寺に祀られている正平二十二（一三六七）年九月に沙門《しゃもん》長弁《ちょうべん》によって造立された「地蔵来迎図板碑」（福岡県指定文化財）がそれである。

この板碑は高良山麓の祇園山古墳（福岡県指定史跡）に造立され、江戸中期の元文の頃（一七三六－四一）、山内の愛宕《あたご》神社の奥の院に移され、明治二（一八六九）年の神仏分離によって国分寺に移されたという歴史を持つ、中世の高良山と深い関係がある板碑である。この板碑について古賀寿氏による示唆に富む解説(47)があり、それに沿って話を進める。

板碑は高さ約一ｍの板状の自然石を利用して、三方を長方形に囲んだ中に地蔵菩薩来迎像を線刻したものである。地蔵は右手に錫杖、左手に宝珠を持つ。左斜め向きの前傾姿勢であり、袈裟も衲衣《のうえ》の袖も、踏み分けた蓮弁も、また宝珠の炎も前方になびく姿は動的であり、一陣の風とともに来迎し、往生者の前に現れる地蔵の姿を表すとされる。

また、この地蔵来迎図は春日信仰の所産で、鎌倉時代にはいくつかの作例があり、「春日地蔵曼荼羅《まんだら》」と呼ばれている。この板碑は春日地蔵曼荼羅を臨写して制作され、長方形の輪郭は原図の大きさを示すとされている。従うべき見解である。

この板碑が祇園山古墳に建立された正平二十二年は、『高良玉垂宮縁起』にある高良神遷幸より千年に相当すること、また祇園山古墳は中世大祝《おおはふり》家（鏡山家）の祖日往子尊《ひゆきこのみこと》の廟とされることなどから、造立の意図を考えさせるとある。また、この時期は征西将軍宮懐良《かねよし》親王が太宰府にあって高良山に格別の保護を加えられていた時期とされ、南朝と深い関係があった時期の遺物であるとされている。

古賀氏の詳細な解説に付け加えることは少ないが、春日地蔵信仰とは、藤原氏の一門、春日社の神官、興福寺の僧、及び大和・山城の国々の人々など、春日大明神を奉る人は死んでも普通の地獄に落ちず、春日野の下に設けられた特別な地獄に行き、春日社第三殿の本地仏である地蔵菩薩の救済に預かるというものである。

この信仰は中世の春日信仰を代表する勢いで各地に広まり、それを端的に表すものが春日地蔵来迎図と

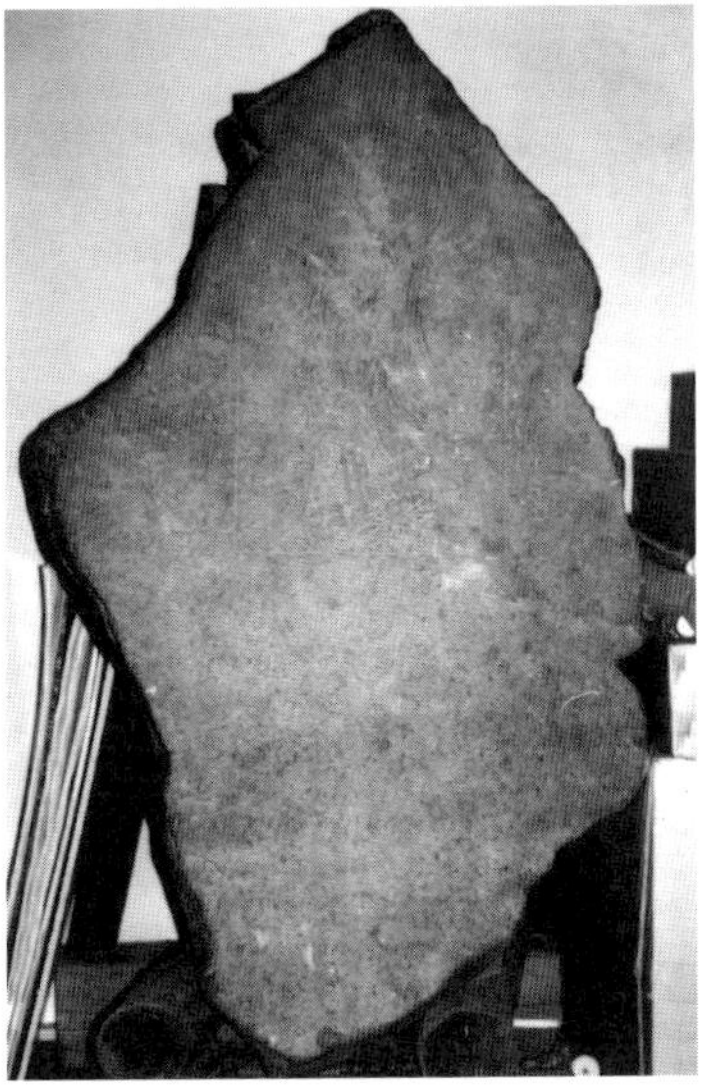

国分寺の地蔵来迎図板碑（久留米市宮ノ陣。久留米市教育委員会提供）

地蔵来迎図板碑の拓本（国分寺提供）

されている。この絵像は興福寺の絵所の絵師によって描かれ、その制作から販売までを扱う絵屋によって量産されており、各地に流通したものである。(48)

九州の南朝最盛期にこの来迎図がどのような経過を経て、高良山にもたらされたかは興味深いが、奈良から地蔵菩薩来迎図が筑後に請来され、それを石材に写したものがこの板碑である。大祝家（鏡山家）の祖が葬られているとされる古墳上の造立であり、その信仰が高良山に受容されたことを意味する。この地蔵は先の浄福寺に関する六体の地蔵と違い、一体の地蔵への信仰であるとともに、来迎図であり、新たな地蔵信仰が高良山に導入されたことを意味する。

地蔵菩薩来迎図が石材に写される際に、省かれたものがあるのではないかと思う。この種の春日来迎図には地蔵菩薩の頭上背後に春日山が描かれ、その上に文殊・釈迦・薬師・地蔵・十一面観音の春日社の五本地仏の種子《しゆじ》（梵字）が描かれているが、(49)来迎図を写したこの板碑にはその部分がない。

何らかの事情で板碑上部の石材が欠損し、山景や種子の部分が欠失した可能性も捨て切れないが、(50)残存している頭光上部には何かが刻まれていた痕跡は見受けられない。板碑が彫られた時にそれは省かれ、地蔵の姿のみが刻まれたのではなかろうか。

この推測が許されるなら、沙門長弁は板碑に地蔵のみを彫らせるという新たな地蔵菩薩図像を案出したことになる。地蔵菩薩の来迎に預かるという信仰を維持したまま、春日信仰と切り離して造立されたものが、この図像板碑となる。(51)

この板石への線刻から、地蔵一体を自然石に半肉彫する応永地蔵菩薩板碑の出現までには、宗教思想上にも表現法にも質的な転換が必要であるが、地蔵一体のみを自然石に彫り出す様式は、この板碑を前提に創造されたものと推測する。

■二つの地蔵板碑の系譜

地蔵板碑には像容から二つの系譜があることは本章「はじめに」で触れた。一つは筑後川右岸に見られる右手に錫杖、左手に宝珠を持つものである。これらは国分寺の地蔵菩薩来迎図の系譜の中で理解すべきものである。もう一方は筑後側左岸に分布する左手に宝珠、右手は与願印を示すものである。両者の分布状況を見てみたい（表二・図二参照[52]）。

〈1〉

前者は筑後川右岸、それも北茂安地区を中心とする旧三養基郡・神埼郡に確認されるものである。十五基が確認されている[53]。現在、七木の地蔵は筑後川旧河川の左岸にあるが、錫杖を持つタイプであり、千栗八幡宮と直近の位置にあることから、このグループに入れることが妥当であろう[54]。

千栗の地蔵板碑は明徳二（一三九一）年銘を持ち、肥前・筑後の二十四基の板碑（表二参照、国分寺を除く）の中で最も古い。その次に応永三（一三九六）年の造立銘を持つ七木の地蔵板碑がある。他地区にこの時期の造立はないため、地蔵板碑の造立はこの地区から始まったものである。

北茂安地区には無銘のものが四基、「応」の刻字があるものが三基ある。このうち最も新しいものは応永三十一年造立で、この地区の造立は応永年間に継続している[55]。また、石材は地元産の安山岩などである。最も古い板碑である千栗の地蔵板碑について、坂田健一氏は次のように詳細に紹介している[56]。

左：千栗の地蔵板碑（佐賀県三養基郡みやき町。みやき町教育委員会提供）
右：七木の地蔵板碑（久留米市長門石）

自然石の左上部を欠失しているものの、像容は完形を保っている。地蔵菩薩は彫りくぼめた頭光を負い、薄い肉彫で正面向きの立像。像は、左手に宝珠を支え、右手は錫杖を把持《はじ》する。納（衲か）衣のひだや蓮座の彫刻も丹念である。足首は左右に開き、平面的に描かれているのはこの時代の彫法の特色を示している。

面長で、半眼に開いたまなざしに月の眉。鼻翼は広めで、やや口角を突出し、おとがいのふくらみもある。耳朶《じだ》が長く、頸部は短い。もろもろの衆生を済度《さいど》されるに十分な重厚さと気高さが感じられる。像の右側に「明徳二年二月日」と銘が刻まれている。（　）内は引用者

坂田氏があげられた千栗の地蔵の特徴は、それ以降に造立される地蔵にほぼ踏襲されている。この像容は国分寺の板碑に見られるような来迎形ではなく、蓮座の上で足首を左右に開き、人々と正面に向き合う像である。様々な願いを聞く地蔵への転換であり、来迎形から声聞形《しょうもん》への地蔵信仰の質的な転換を遂げて

いるのである。
正平二十二（一三六七）年から明徳二年までの二十四年間に地蔵像に質的な転換がなされているが、これは地蔵信仰の大きな転換を伴うものであったろう。この達成に至るまで、千栗八幡宮に基盤を持つ僧侶（以下、「千栗八幡宮の僧侶」という）は高良山に立つ来迎図板碑に触れ、地蔵信仰の教義への研鑽と苦悩、そして新たな思想形成を行ったと考える。最古に属する千栗の地蔵板碑と七木の地蔵板碑は千栗八幡宮が鎮座する丘陵の麓、近接地にあり、この像容の選択は千栗八幡宮の僧侶が行ったとしか考えられないからである。

線刻ではなく半肉彫の彫法で地蔵を浮かび上がらせるなど、前代の地蔵板碑にとらわれず、自分が切り開いた新しい教義に基づき、新たな地蔵像を作り上げたのである。

材質の問題でも、木像ではなく、近在から比較的容易に得られ、腐朽せず長く像容を留める自然石を活用して彫像を進めており、この僧が持つ庶民性と革新性を見て取れる。この僧の教説・教典などの典籍は確認できていないため、宗教思想の詳細は知ることができないが、創出された地蔵の像容などにより、先に述べたような宗教思想の達成があったと考えるのである。

千栗八幡宮の僧は従来なかった斬新な地蔵の姿を創造し、これに祈れば救済が叶えられると唱導して、人々は新たに創造された地蔵像に祈りを捧げたのである。これだけの事績を持つこの僧侶は卓越した思想・能力を持つ宗教者であったろうが、僧名・所属・経歴などは明らかにできなかった。

この地区は地蔵板碑造立の発信地であるが、次のことも指摘できる。明徳二年に最初の板碑が建てられており、応永年間に拡大するこの宗教活動が、南北朝合一となる明徳三年以前からすでに開始されていたことである。この活動は南北朝の争乱の中で、ある僧が地蔵信仰を選択し、それをめぐる宗教的葛藤の中で生み出されたものであったろう。

室町幕府の第三代将軍を引退した足利義満は、応永元年に将軍職を義持に譲った後も権力を振るい、同十五年に義持がそれを引き継ぐが、この時代は「応永の平和」と呼ばれた。当時の朝廷と室町幕府が密着した「公武融合政治」が行われ、中世を通じて進行していた荘園制の解体がその速度を遅め、一時的な調和が起きた時代とされる。[57]この時代は、地方的には多少の戦乱はあったとしても、全体的に戦乱が収まっていた。

しかし、この応永年間は、その前の明徳年間から毎年のように激しい飢饉が起き、「応永の大飢饉」が起きた時代でもあった。[58]戦乱と慢性する飢餓に襲われて、いつ死を迎えるかしれない社会の状況の中で宗教活動を開始していた千栗八幡宮の僧侶は、人々が求める救いに応える形で教線を拡大し、人々はその教義を受容して地蔵信仰の列に加わっていったと考えられる。その痕跡が各地に残る応永地蔵板碑であろう。

〈2〉

筑後川左岸の地蔵に触れていく。久留米市街地の四基、高良山麓の三基、荒木・大善寺地区の三基、計十基であるが、先に触れたように七木の地蔵板碑は肥前側（筑後川右岸）のものとして取り扱う。九基の地蔵の中で最も古いのは応永五年の年紀を持つ医王寺のものである。この医王寺と遍照院の地蔵は元和七（一六二一）年以降に建設された久留米城下町の寺町にあり、本来の造立地から移転してきたものであろう。[59]九基の地蔵の造立年の推移（表二参照）から、まず、千栗八幡宮と近在にあった久留米坊地区に受け入れられ、それが市街地に所在する三基であろう。それから高良山へ、大善寺へとその信仰が拡大したと考えている。

岩井・横馬場・白口の板碑は三基とも応永十一年に彫顕されている。安山岩・火成岩で像容・彫法も類似のところがあり、同一石工の手になるものといわれている。

前二者はその造立された位置から、高良山及びその周辺の宗教者たちと深い関わりが想定される。また、次項で触れる銘文の検討からも白口の板碑は高良山麓の板碑群に入れるのが妥当である。地蔵を彫る石工たちもこの僧侶集団が掌握していたと考えているが[60]、僧侶―講衆という組織と、それに包摂された石工（仏師）という集団が浮かび上がってくる。

大善寺の称名院・中島の地蔵は先の板碑群と違った様相を持つ。他地区の板碑は安山岩や火成岩などを用いるが、この二基はいずれも片岩系の石材を用いており、石材の種類や彫法などに明確な違いがある。

称名院の板碑は応永二十八年刻銘を持ち、左岸地

左：医王寺の地蔵板碑（久留米市寺町）／右：遍照院の地蔵板碑（同）
（2点とも久留米市教育委員会提供）

上：称名院の地蔵板碑（久留米市大善寺町藤吉）
下：中島の地蔵板碑（久留米市大善寺町中津）
（２点とも久留米市教育委員会提供）

区の与願印を示すというタイプの中では最も新しい。さらに、この板碑には地蔵菩薩が薄肉彫されており、その右下に小仏像一体、上方には釈迦・阿閦《あしゅく》・不《ふ》空成就《くうじょうじゅ》如来と考えられる種子が彫られている。地蔵一体を彫る板碑の当初の形から離れ、地蔵だけではなくて、他の諸仏にも祈るという形態へ大きく信仰内容が変容している(61)。また、中島の地蔵板碑には地蔵頂部にキリーク（弥陀）の種子も刻まれており、同じ傾向を示す。

この段階で明徳二年頃から始まった応永地蔵板碑の造立という宗教運動は変質が始まり、終末を迎えるようだ。あわせて応永二十年代前後に彫顕された地蔵板碑は、全般的な傾向であるが彫り方が浅くなり、退潮的で簡潔になる傾向が現れるとされる(62)。

北茂安地区でも応永三十一年の造立を最後としている。この地区の地蔵信仰はこの頃まで維持され終息を迎えたようだが、大善寺地区の板碑に見られた地蔵信仰の変質は確認できない。

■地蔵板碑を造立した人々

十三世紀に編纂の真言密教（東蜜）の教えを集大成した『覚禅鈔』に、六地蔵について「第一　地獄　大定智悲地蔵　左に宝珠を持ち、右に錫杖を持つ」「第二　餓鬼　大徳清浄地蔵　左宝珠、右与願」と記し、地獄道と餓鬼道から人々を救済する地蔵として説明を行っている。(63) この違いは右岸と左岸の地蔵の像容に当てはまる。千栗八幡宮の場合は地獄道、久留米坊の場合は餓鬼道からの救済を唱導したことになろうか。同じ地蔵信仰とはいえ、久留米地区はやや受容が遅れ、千栗八幡宮との違いを主張するため像容が違うものを選択したのであろうか。

筑後川左岸の左手に宝珠、右手に与願印を示す地蔵の最古のものは応永五年の医王寺の地蔵板碑である。千栗の明徳二年の造立から七年ほど間がある。北茂安地区の地蔵には造立年などの刻銘しかなく、この地蔵板碑を建立した僧侶などを考える材料が見当たらない。久留米地方については応永十一年に造立された三基の地蔵板碑の刻銘から、板碑を造立した集団や活動の在り様が浮かび上がる。(64)

○山川町岩井の地蔵菩薩彫像板碑銘

（正面）（右）願衆十五人　敬白

（左）応永十一年甲申二月三日

（裏）　道衆　講本　貧阿弥　□（性カ）就　高安　宗覚　道高　円妙　了阿弥　善清　二良左エ門　馬尭良
道玉　立貞　兵衛三良　夜九良（以上、原文一段書き）

○荒木町白口の地蔵菩薩彫像板碑銘

（正面）（右）奉造立地蔵菩薩　道禅　道海　道本　道性　即阿　宗吾
（左）応永十一季甲申八月十八日　願主　宗中　宗圭　道円　実円　道仙　見阿　助次郎

○高良内町横馬場の地蔵菩薩彫像板碑銘

（正面）（右）奉造立地蔵菩薩□（読カ）誦結衆敬白
（左）応永十一年甲申十一月十五日

岩井の板碑の場合、この板碑背面に願主十五名の名前が刻まれており、建立は十五人の講衆の合力や米銭の勧進などによるものだろう。この地蔵の造立は願主によって構成された「講」の活動の成果である。それを推測させるものは「道衆　講本」という銘文である。この地蔵講は「講本である道衆」と名乗る宗教者によって運営・維持されたものと理解している。この道衆という僧侶については白口の地蔵板碑に関連して触れたい。

この講衆には在俗出家である[65]十一名がいるようだ。その中で、貧阿弥・了阿弥という阿弥号を持つものが二名いる。浄土宗・時宗との関係を推測させる。俗名のものは二良（郎）左エ門・兵衛三良（郎）・夜九良（郎）の三名、それに馬尭良は中国・朝鮮からの渡来の可能性が指摘されている[66]。

この地蔵板碑が立つ地点は「岩井の清水」の湧水地点である。高良の三泉の一つとして知られている。

この地は高良山の門前町である府中宿の一角に当たり、この造立には坊津《ぼうのつ》街道の宿である府中宿に住む人々との深い関わりをうかがわせる。また、『高良大社縁起』にはこの泉で洗濯をする女性二人が描かれており、府中に住む人々にとって近しい場所である。

左：岩井の地蔵板碑（久留米市山川町）
右：白口の地蔵板碑（久留米市荒木町白口）
（２点とも久留米市教育委員会提供）

岩井の地蔵の願主（講）たちの活動は、都市的な場での宗教活動であった。顕密寺院であった高良山の麓での活動である。その立地から、この建碑は高良山の座主・大祝・大宮司らの宗教勢力にも許容されたものであったろう(67)。

白口の板碑の検討に移る。この銘文で、地蔵菩薩板碑を建てることを「造立」といっていることが分かる。この板碑正面には銘文があり、右側の六名はいずれも法号で、道禅・道海・道本・道性は法号の通字として「道」を使っている。これは地蔵信仰集団の中の指導的な地位にある僧侶群であろう。道禅が最高位であり、彼の指導によりこの活動がなされたのであろう。ここにも阿弥陀号を持つものが一名おり、岩井の地蔵で触れたように、この地蔵信仰に浄土教の阿弥陀信仰の影響を考えることが必要かもしれない。[68]

左側には願主として七名の名が見える。在俗出家としての法名を持つ六名、俗名が一名である。この中にも阿弥号を持つものが一名いる。宗中と宗圭、道円・実円・道仙は「宗」「道」「円」を通字とすることから、何らかの関係をうかがわせるが、白口村人であろう七名が発起して造立したことを記すものである。

願主にある宗中・宗圭は指導的な位置を占めているグループにある宗吾と、道円・道仙も先の指導者である道禅・道海・道本・道性らとの師弟関係などが考えられ、指導者たちと願主たちの間に指導－被指導の関係が想定される。[69]

たとえば、道円が出家する際、道禅が戒師となり得度し、戒師の法名から一字をいただき、沙弥道円と名乗ることが許されたのではないかと思う。このような在俗出家の戒師は聖《ひじり》が中心として担ったとされている。[70]

彼ら指導者の集団はどういう性格を持つのかが問題となるが、聖であったとすれば、広く社会に定着していた浄土教の世界に住む人々であった可能性が高く、顕密寺院から遁世《とんせい》し、その寺院の周辺で聖となったものたちであったろう。彼らは、高良山、千栗八幡宮、大善寺などの顕密寺社の周辺に蝟集《いしゅう》する聖としての性格を持つ僧侶であったと考えている。

岩井の地蔵には講本として道衆という僧がいたが、これも「道」の通字を持っており、彼も白口の板碑で見た指導的な僧侶集団の一人であろう。岩井・白口の銘文から、この応永十一年段階の地蔵信仰は「道○」と名乗る僧侶集団（教団といっていいかは保留するが）によって運営され、地蔵信仰の拡大が図られていたことが明らかになる。[71]

横馬場の地蔵板碑は高良内町横馬場地区の観音堂敷地内にある。もとは宗崎地区の旧道傍にあった地蔵である。この銘文で注目されるのは「□（読カ）誦結衆」である。地蔵菩薩の具体的な信仰形態は講本（僧侶）が人々を集め、地蔵の利益を説く「講会」を開き、地蔵菩薩への信仰の伝播に努めるものであったろう。具体的には、講は地蔵の前において地蔵の功徳を讃仰する経典を結衆で読誦するものであったろう[72]。

地蔵板碑の前で講（結）衆が集まり、読誦とあるので、地蔵信仰の中心経典である『十輪経』と『本願経』などの経典が読誦され、礼拝が行われていたのであろう[73]。個々の信仰から集団（結衆）の信仰へ広がり、地蔵板碑の造立が行われたようだ。

これらの地蔵板碑は寺院の本尊ではない。泉源地（岩井）、宗崎の路傍（横馬場）、上津荒木川（白口川）にかかる鶴亀橋南詰（白口）などに所在する。覆屋はあったかもしれないが、人が集まり、また通過する地点などに造立されている。村落共同体と講の関係は明らかにできないが、村落共同体内で結ばれた講に集まる人々（講結衆）による庶民的な造立という性格を持つものであろう。これも聖による宗教活動として似つかわしい。この講衆は村の指導的な地位にあるものではなく、村落の一般的な農民層という性格を持つものでないかと考えている。

横馬場の地蔵板碑（久留米市高良内町）

約一世紀後のことになるが、筑後国の真宗寺院の開創は十六世紀前半である永正—天文年間（一五〇四—五五）に始まる。それらの寺院の開基は、多くが国人層と伝承しており、彼らが知行する村落で成立したとされている[74]。

この真宗教団の成立過程と比較すると、地蔵造立の運動は寺院開創と結びつかず、村落全体を巻き込むようなものではなかったようだ。村落の階層構造が、寺院建立までつながるようなものではなかったのであろう。

筑後川左岸地区に限定されるが、地蔵板碑の建立の歴史の中で、同年に三基の造立は、この応永十一年のみである。これは地蔵信仰を勧める僧侶集団の活動が最も活発で高揚した時期であろう。現状の調査状況によれば、この時期前後は単発的な造立であり、応永十一年は地蔵信仰の最盛期である。

久留米地区では「道」を通字とする僧侶集団の活動を確認したが、北茂安地区ではこのような僧侶集団の姿を確認できない[75]。また、応永十一年頃に明確になる「道〇」と名乗る久留米地区の僧侶たちと、千栗八幡宮を拠点として活動を開始する僧侶たちとの師承関係も明らかにできない。北茂安地区でも、久留米地区で確認した講衆での信仰形態をもって活動が行われたであろうことが、推測できるだけである。

しかも、久留米地区には右岸特有の錫杖と宝珠を持つ地蔵の造立がない。これは両地区が地蔵信仰という共通の基盤を有しながらも、競合して独自の宗教的な立場を維持しつつ活動を行い、全般的には教線の伸長をもたらしたが、両者の融合がなかったことを示すものであろう。

おわりに

戦乱や飢饉の中で命をいつ失うか分からず、寺社さえも焼失するような戦乱の中で、自分の死後の世界での救済を祈る思想が社会に深く根づき、また求められていた。南北朝の合一がなった明徳三（一三九二）年は一応戦乱が収束した年として記憶されるが、その前年は応永地蔵が初めて建立された年であった。この年以前から地蔵を信仰する宗教活動は始まっており、その成果として最初の千栗の地蔵板碑が造立されたのである。

応永の地蔵板碑以前に造立された国分寺の板碑や、荒木村で確認したように地蔵への信仰は脈々と流れており、戦乱の中でも地蔵菩薩に救いを求めることが社会に底流としてあったのである。

十四世紀末、千栗八幡宮に蝟集する宗教者の中に、顕密寺院での諸宗兼修の宗教活動に飽き足らず、浄土宗・浄土真宗・日蓮宗などに見られる一尊専修の動きに影響を受け、地蔵専修を選択し、唱導・布教する有力な僧侶が現れたのであろう。この僧侶は聖としての性格を持つ僧であった可能性が大きい。

この僧侶の積極的な宗教活動は、同じ顕密寺院としての宗教的な基盤を持つ高良山、久留米坊、大善寺にも影響を与え、この宗教運動に参加する僧侶が現れたのである。僧侶たちは人々に働きかけ、講を立ち上げ地蔵を造立したのである。

しかし、応永三十一（一四二四）年を最後に板碑の造立は終わっており、この宗教活動は終息を迎えている。大善寺町の称名院の板碑に顕著であるが、諸仏菩薩兼修の世界へ回帰している。応永年間に盛行した、地蔵菩薩を造立し、死後の世界での救済を願うという宗教運動は、おそらくこの運動を当初から指導した千栗八幡宮の優れた宗教的個性を持つ僧侶が亡くなるか、もしくは両地区ともに有力な継承者を育成できず、衰退・消滅を迎えたのかもしれない。

この宗教運動は地蔵による救済を願う、千栗八幡宮を基盤とする僧侶によって始められ、新しい地蔵菩薩像に象徴される、従来と違った新たな霊験を唱導するものであった。この運動は顕密仏教内での時代的・社会的要請を表現する運動としての性格を有すると考えられる。その活動期間は約三十年間に限られ、活動も肥前・筑後の狭い範囲に留まり、その宗教思想を次世代に受け渡すことができなかった宗教運動であり、地蔵板碑の造立が忽然として消えていくのである。

この限定された年代的・地域的造立の背景は、この地蔵信仰の教義そのものが発展性を持ちえなかったためとするか、可能性として述べた指導者・継承者の問題によるのか、結論を持つことができなかった。大善寺の板碑が諸菩薩兼修に戻っていく傾向を示すことから、教義に問題を指摘できそうであるが、判断は保留しておく。

各時代に人々が救済を求める宗教活動は多く、これからも生み出されると考える。しかし、記録も失われ、埋没し忘れ去られていくものが大半であろう。その中で、ほぼ応永年間に限られる地蔵板碑の造立の歴史は、人々が現世の困苦の中で救済を求めた宗教活動の開始から衰退までの流れを知ることができるものである。それは中世人の心の世界、精神世界を語る貴重な例として長く記憶されるべきものであろう。

註

（1）久留米市長門石町の七木の地蔵板碑について伊藤常足編『太宰管内志（筑後志）』（りーぶる出版企画、一九七七）に「応永地蔵と云物あり」と記す。江戸時代後期にはこの種の地蔵が「応永地蔵」と呼ばれていたことが知られる。

（2）坂田健一「応永地蔵」（『久留米郷土研究会誌』第十号、一九八一）。この論考以前に「応永地蔵」（『郷土久留米』第三〇五号、久留米郷土研究会、一九七二）、「大善寺町の応永地蔵」（『郷土久留米』第七〇五号、一九七三）を発表されている。

（3）北茂安町史話伝説編集委員会編『北茂安町の史話伝説』一九八三

（4）坂田健一「地蔵信仰」（『久留米市史』第五巻第四章第一節二、一九八六）。この地蔵板碑については波多野晥三「地蔵信仰の盛行」（『久留米市史』第一巻、一九八一）があるが、これは坂田氏の調査成果によって著述されたものである。

（5）北茂安町は平成十七（二〇〇五）年に三養基郡中原町、同三根町と合併し、三養基郡みやき町となっている。そのため、北茂安町の町名を使うことには問題があるが、史料を合併前の文献から引用したため、合併以前の町名を使用している場合がある。本来ならば新町名に訂正すべきであるが、余裕がなく前述の通りとなった。ご寛恕いただきたい。なお、旧町の範囲を示す場合は北茂安地区と表記する。

（6）古賀正美「応永の地蔵板碑の世界」（『北茂安町史』第三編古代第八章第三節、二〇〇五）

（7）松隈嵩「鳥栖の中世石造物」（『鳥栖市誌』第三巻中世・近世編第四章第三節六、二〇〇八）。同「中・近世石造物」（『鳥栖市誌』第五巻生活民俗編第九章第四節、二〇〇九）。松隈氏はこれらの地域の地蔵板碑ついて「〇〇自然石地蔵彫像板碑」と呼称されている。「自然石」を付ける点で坂田氏の呼称と違いがある。

（8）『基山町史』下巻、第九章六「板碑」、二〇〇九

（9）久留米市文化財保護課「応永地蔵板碑を訪ねて」（『歴史散歩』№35、二〇一〇）。このパンフレットは国分寺の地蔵来迎図板碑も収録している。このパンフレットで筑後川右岸と左岸の地蔵板碑の違いについて特徴を指摘している。

（10）久留米市教育委員会編『郷土の文化財（第七版）』二〇一三

（11）古賀寿「〔訓読〕筑後国高良山寺院興起之記（御井本）」（『高良山の文化と歴史』第五号、高良山の文化と歴史を語る会、一九九三）

（12）速水侑『地蔵信仰』（塙新書四十九、一九七五）では、地蔵信仰は末法の世界での浄土宗の流行の中で理解され、

その広まりの背景には天台浄土宗の僧侶の動があったとされているが、吉田俊介氏から、鎌倉時代になると地蔵信仰は一貫して山林で修業を行う修験者や、それに深い関係を持つ真言密教の僧侶によって広められたという理解が提出されている（吉田俊介「日本古代・中世における地蔵信仰の展開」（『龍谷大學大学院文学研究科紀要』第三十九号、二〇一七）。

（13）『太宰管内志』御井郡ノ下、弥勒寺条

（14）註12速水文献

（15）この縁起には近世成立の寺院は一切描かれていないが、『寺院興起之記』の内容とこの縁起の内容はほぼ一致する。この縁起の成立時期は中世末とされているが、橋富博喜氏はその修理記録から天文二十三（一五五四）年以前にさかのぼる可能性を指摘されている（久留米市教育委員会編『高良大社所蔵歴史資料』久留米市文化財調査報告書第四二三集、二〇二〇）。この縁起は十四世紀前半以降の高良山の寺院の伝承などを色濃く反映しているものと考えている。

（16）『寛文十年久留米藩寺院開基』久留米史料叢書第七集、久留米郷土研究会、一九八二

（17）『寛延記　久留米藩庄屋書上』（久留米史料叢書三、久留米郷土研究会、一九七六）、『筑後秘鑑』（「篠山神社文庫」三七八号文書）、西以三『筑後地鑑』（『校訂筑後地誌叢書』筑後遺籍刊行会、一九二九所収。歴史図書社、一九七七復刻）など。

（18）『久留米市史』第五巻

（19）矢野一貞『筑後将士軍談』巻三十九、系譜小伝第十一（『校訂筑後国史　筑後将士軍談』中巻、筑後遺籍刊行会、一九二七。名著出版、一九七二復刻）

（20）註17と同じ

（21）『寛延記』三潴郡流村条。『筑後秘鑑』『筑後地鑑』にも記事がある。この地蔵には水引地蔵の伝説がある（福岡県三潴郡小学校教育振興会編『新考三潴郡誌』一九五三）。

(22)『寛延記』三潴郡鬼古賀村条。石原為平『石原家記』上巻（筑後史談会、一九四一。名著出版、一九七三復刻）寛文五年条に「地蔵堂三間四面　三潴郡鬼古賀村再興、此本尊安東山浄土寺本尊也」とある。

(23)『寛延記』三潴郡原中牟田村条

(24)「荒木近藤文書」（『久留米市史』第七巻資料編古代・中世、一九九二所収）。同文書の来歴については同書の「概説」に触れている。以下、荒木近藤文書を引用する場合は、同市史の文書番号を示す。

(25)「荒木近藤文書」二十八号文書

(26)「荒木近藤文書」三号文書「大江宗心所領処分状」に「くほんし（九品寺）」の記事がある。「そうれんのをきふミにまかせて、たんなといひ、しそうといひ、いちみとうしんのさたをいたすへし」とあり、この寺が荒木氏の氏寺と考えることができる。この寺院の所在地は荒木町荒木字大寺地区ではないかと考えている。

(27)貞和三（一三四七）年九月二十三日「筑後国三潴庄鎮守高良玉垂宮幷大善寺仏神免田之事写」（『久留米市史』第七巻資料編古代・中世所収「御船文書」四号文書）に「寺家分」として「壱町　正月七日修正免荒木村　鬼田」があり、村―惣鎮守というように重層する祭祀が行われていたことを示す。

(28)「たちはな」と関連するかもしれない字名として「立小路」がある。「たちしょうじ」と呼ばれており、「たち」が共通する。「たち」は「館」の意味と理解することもできる。さらに、この地には地蔵堂があり、多数の地蔵が祀られていることから、「たちはな」の地蔵の系譜を引くものの可能性がある。しかし、本文で述べたように理解しておく。

(29)註13文献、三潴郡大宮社条。この報告で引用されている坪付は「近藤秀安注進状」（「荒木近藤文書」三十三号文書）である。

(30)大日本神祇会福岡県支部編『福岡県神社誌』下巻、防長史料出版社、一九八八。同社の祭神は大山咋尊・須佐能袁命・応神天皇となっており、境内社は天満神社・社日大神・粟島神社・薬師神がある。この薬師神が坪付の記事との関係から注意される。

(31) 古賀正美「久留米はどこか」(『久留米城とその城下町』海鳥社、二〇一八)
(32) 熊本中世史研究会編『筑後鷹尾文書』「第四　近世写本鷹尾文書」四号文書、青潮社、一九七四
(33)『久留米市史』第七巻資料編古代・中世所収「御船文書」三号文書
(34)『久留米市史』第七巻資料編古代・中世所収「隈文書(一)」一号文書
(35)『久留米市史』第七巻資料編古代・中世所収「高良山座主坊文書」六号文書
(36) 荒木尚・川添昭二・古賀寿・山中耕作編著『高良玉垂宮神秘書 同紙背』高良大社、一九七二、五四七条
(37) 中世久留米には貞観十七(八七五)年創建の久留米惣鎮守であった真言宗祇園寺、古くからの筑後川の水神を祀る尼御前社(後の水天宮)、禅宗寺院日輪寺などが所在し、筑後川沿いの洗切《あらいきり》は川港として成立しており、久留米地区には中世からの都市的な場を想定できる。また、天正十一(一五八三)ー十三年にかけて久留米城に高良山の麟圭が肥前龍造寺側として籠城しているが、これも高良山と久留米地区の関係を示すものである。
なお、波多野晥三氏は、報恩寺坪付と溝口目安申状案(鷹尾文書)に見える「久留目」は高良社の誰かを指すとしている(「中世史料と久留米の景観」〔『久留米市史』第一巻〕)。筆者とは意見の違いもあるが参照されたい。当該地の発掘調査が少ないため、久留米坊を示す遺構などは現在まで検出されていない。今後の調査に期待したい。
(38)『久留米市史』第七巻資料編古代・中世所収「御船文書」一号文書。竹内理三編『鎌倉遺文』第五巻(東京堂出版、一九七三)にも二八四二号文書「筑後高良社定額注文」として所収されている。
(39) 井原今朝男「全国共通の年中行事と大般若経」(『中世寺院と民衆』臨川書店、二〇〇四)
(40) 津田勉氏は『背振山縁起』の「一、法體上人名常暁筑前脇山筑後国高良山寺家建立之祖」を紹介し、法體上人の名は『高良記』『高良玉垂宮縁起』に見え、高良山と背振山とは筑後川を挟んで相対する山であり、高良山への修験道の流入として考察する必要性を指摘している(津田勉「高良山仏教開山隆慶上人をめぐって(二)」〔『高良山の文化と歴史』第四号、高良山の文化と歴史を語る会、一九九三〕)。
(41) 福岡県三潴郡小学校教育振興会編『新考三潴郡郡誌』(一九五三)に朝日寺の伝説が収録されている。『寛文十年

寺院開基』『寛延記』『筑後地鑑』『縁起抄録』の中で、『縁起抄録』が最も詳細な記事となっている。

(42) 黒田俊雄「中世における顕密体制の展開」(『黒田俊雄著作集第二巻　顕密体制論』法蔵館、一九九四)、大塚紀弘「鎌倉仏教と蒙古襲来」(高橋典幸・五味文彦編『中世史講義』ちくま新書一三七八、二〇一九)

(43) 福井尚寿「千栗八幡宮縁起絵について」(『佐賀県立博物館・美術館調査研究書』第十八集、一九九三)

(44) 大園隆三郎「千栗八幡宮の修築と千栗大宮司」(『北茂安町史』第四編第一章)

(45) 文治二(一一八六)年の「八幡千栗宮寺損色勘文」(「千栗八幡宮造営一件文書1」宮内庁書陵部蔵)で千栗宮は修復を必要としている舎屋を大宰府の役人とともに、源頼朝に報告している。その中で、千栗宮と弥勒寺の堂舎の規模や破損状態を述べているが、その報告者として本文にあげた寺院側の宮師大法師他、宮側の権大宮司他が署名している。註44で本文書が紹介されている。

(46) 古賀正美「筑後を越える高良社の信仰圏」(西日本文化協会編『西日本文化』四八四、二〇一七)

(47) 古賀寿「地蔵来迎図板碑」(久留米市教育員会編『郷土の文化財』一九八二)

(48) 中野玄三「春日神道の美術」(上田正昭編『春日明神』筑摩書房、一九八七)

(49) 松島健『地蔵菩薩像』日本の美術二三九、至文堂、一九八六。同書所収の第一一〇図地蔵独尊来迎図(奈良国立博物館蔵)参照。図の説明に「春日社第三殿の本地仏地蔵菩薩が飛雲に乗って来迎する様を描いたもの。画面上方には春日本地仏の種子と春日山を描く。室町時代後期に奈良で仏画を制作していた櫟屋《いちい》の作品」とある。註48にも同図が掲載されている。

(50) 実見したところ、板碑に見られる長方形の界線は左右上端ともに石材の境まで界線が彫り抜かれていないことから、この板碑が彫られた段階でも石材は現状の姿であったと考えている。

(51) 註2文献に国分寺の板碑の線刻の技法や形姿は大分県大野郡犬飼町(現豊後大野市)にある「舟地蔵」という磨崖地蔵と酷似するという指摘がある。

(52) 久留米市の国分寺の地蔵板碑より早い康永四(一三四五)年のものが福岡市冷泉小学校に保管されており、地蔵

下野水天神社自然石地蔵影像板碑（佐賀県鳥栖市下野町）

菩薩を線刻・浮彫などで彫現する動きがあったことを坂田氏が指摘されている。本書では取り上げることができなかった。同校は平成十（一九九八）年に閉校したが、板碑は現在も跡地に立っている。あわせて、佐賀県藤津郡塩田町（現嬉野市）の下野辺田地蔵（応永二十九年造）と光桂寺地蔵があるが、応永地蔵と違い二基とも線刻であることなどから、これらの地蔵板碑についても考察から外している。註2文献を参照されたい。

（53）松隈氏の報告によれば、北茂安地区に隣接する基山町には応永地蔵とすることができるものとして天神山自然石地蔵影像板碑（応永五年銘）がある。この板碑は肥前国最北の板碑とされている。鳥栖市では下野町の水天神社自然石地蔵影像板碑、平田町地蔵原自然石地蔵影像板碑が報告されている。今回はこれらついては十分な考察をすることができなかった。この三基も北茂安地区と同じグループと考えて論議している。註7・8を参照されたい。

なお、肥前国の地蔵信仰の古い記録は、十二世紀前半に成立した『今昔物語集』にある。『今昔物語集』巻十七の三十二編の地蔵説話の中で、第十四「依地蔵示従鎮西移愛宕護僧語」として肥前国背振山の持経者の話がある（『今昔物語集』四、新日本古典文学大系三十六、岩波書店、一九九四）。この『今昔物語集』の地蔵説話は十一世紀中頃に成立した『地蔵菩薩霊験記』によっているので、背振山の伝承は十一世紀中頃のものとなる。高良山の伝承では九世紀中頃のことであったが、平安時代中・後期には筑後・肥前国に地蔵信仰が定着していたことを示す微証である。

（54）七木の地蔵は久留米市内にあり、筑後川左岸にあることから、左岸のグループとして把握しがちであるが、像容や位置関係から、北茂安地区の地蔵と一体のものとするのが妥当である。また、戦国末、龍造寺氏がこの地蔵を水害から守るため肥前側に持ち去ったが、一夜で元の位置に帰ったという伝承を持つなど、肥前側と関係が深い地蔵であることもその理由の一つである。また、松隈氏は「七木の地蔵は造立も早く、地蔵像の彫りも優れているので、その後の筑後川右岸の手本となったであろう」（註7）と述べられている。従うべき見解である。

(55) 北茂安地区の地蔵板碑の中で、東尾大塚地蔵菩薩板碑は他の地蔵板碑とは違い、半跏像であり、応永地蔵板碑に入れてよいのか迷うところがある。ところが、本像は近接してある東尾小原隈の地蔵板碑と「面貌、とりわけ目鼻立ちの眉・口唇、それに各部の割り付け方、更には体軀の肉どり、及び彫技などに酷似するものがあり、同一石工の手によって成ったものであるか、あるいは、同一工房で制作されたもの」（『北茂安町の史話伝説』）と報告されており、応永地蔵として評価することにした。特異な板碑として留意しておきたい。

(56) 註2と同じ

(57) 清水克行『大飢饉、室町社会を襲う！』吉川弘文館、二〇〇八

(58) 藤木久志『飢餓と戦争の戦国を行く』吉川弘文館、二〇〇一八所収「日本中世の旱魃・長雨・飢饉・疫病年表」参照。

(59) 註9と同じ。日輪寺の板碑は久留米市街地の城南町にあったものと伝える。

(60) 荒木・大善寺地区の三基のうち、白口の地蔵は本文で述べるように、高良山との関係で理解できるものと考えている。

(61) 註2と同じ

(62) 註2と同じ

(63) 註12速水文献

(64) 『久留米市史』第七巻資料編古代・中世「金石文・諸銘文」

(65) 平雅行氏は浄土教が社会に受容されるにつれて、前世・現世・来世の三世の教えや、地獄・極楽観が定着し、人

々は「現世安穏・極楽往生」を願い、浄土教では「厭離穢土・欣求浄土」を心から願うことを極楽往生の条件にしたため、仏教の論理が衝突した。それで、人々は極楽往生を手に入れるため、現世否定をしたかのような擬装をする儀礼が誕生し、それが在俗出家とされる。また、南北朝期には民衆の世界にもそれが広がったと述べられている（平雅行『法然』日本史リブレット28、山川出版社、二〇一八）。

(66) 註9と同じ

(67) 津田勉氏は高良山の宗派について、平安末期から室町期を通じて醍醐寺三宝院が高良庄を領していたとし、領家は石山の座主とあり、これは真言宗仁和寺の座主であるので、古代から近世までの宗派の変遷は「三論－天台－真言・天台－天台」かと指摘されている（註40津田文献参照）。

また、高良山には鎌倉期に地蔵信仰が受け入れられていたことはすでに述べているが、真言宗と地蔵信仰の密接な関係も背景にあったと思う。

(68) 註12と同じ

(69) 註9と同じ。「道」を共有する人々が指導する地蔵講についての指摘がある。

(70) 註64と同じ

(71) 厨の地蔵彫像板碑には、正面右に「檀那道秀　左衛門太郎」、左に「応永廿五年戊戌十月日□□」の銘文がある。道秀もすでに指摘したように「道」を通字としており、地蔵信仰を指導した僧侶の一員であろう。彼らの活動が応永二十五（一四一八）年まで確認できる。

(72) 横馬場の板碑銘の不明部分を「時」と読んだ文献（『御井町誌』御井小学校父母教師会、一九八六）もあるが、「読」と読むことで本文のように理解した。

(73) 延文三（一三五八）年に造立された「有年楢原地蔵立像板碑」（兵庫県赤穂市有年楢原所在、兵庫県指定文化財）は花崗岩に舟形光背を彫り込み、その中に蓮華台に立つ地蔵を刻んだものであり、右手に錫杖、左手に宝珠を持ち、応永地蔵とよく似た像容である。地蔵像の左右に「地蔵本願経」にある偈《げ》の刻銘がある（赤穂市のホームページより)。この例から、横馬場の板碑でも本文で述べたような読誦がなされたと考える。なお、川勝政太郎『日本石造美術辞典』(東京堂出版、一九七八)に、この板碑が収録されているという。

(74) 草野顕之「筑後真宗教団の構造　有馬藩の宗教政策との関係を中心に」(真宗連合学会編『真宗研究』第二十六輯、一九八二)

(75) 北茂安地区の地蔵には造立年などの銘文しかなく、本文で述べたように、具体的な講衆などの動きを示すものはないが、応永三十一(一四二四)年造立の中津隈地蔵板碑には注目すべき銘文がある。「南無阿弥陀仏　氏政」である。この刻銘が当初から刻まれていたとすれば、この地蔵の建立に浄土教が深く関係していたことが明確になる。この地蔵信仰の成立に浄土教の思想が背景としてあったと考えられる。

[付記]

迂闊なことであったが、校正中に坂田健一氏が書かれた応永地蔵についての論文(「筑後見聞録1　瀬高町にも応永地蔵!」『久留米郷土研究会誌』第二十六号、一九九八)を見逃していたことに気づいた。そこには新しく確認された二基の応永地蔵が紹介されていた。

一基は八女市上陽町北川内上名《かみあげ》所在のものである。この地蔵は分布の中で東限のものとされている。あと一基はみやま市瀬高町北高柳の日吉神社境内に所在する。この地蔵が現在のところ、分布の南限と報告されている。

本文では久留米地区と佐賀県の三養基方面などに分布することを述べたが、筑後国の旧郡単位では上妻郡、山門郡方面まで分布が広がっていたことを指摘されていた。この二基の地蔵板碑の存在によって、本文で述べてきた趣旨を修正することはないと考えるが、地蔵信仰がこれらの地区まで波及するなど、信仰の浸透を確かめることができたのが、この論文によって教えられたことであった。

(二〇一三年二月十三日)

第四章

天正十二年十二月の善導寺焼き討ち事件について

問題の所在

天正十二（一五八四）年十二月、戸次《べっき》道雪は九州における浄土宗鎮西派の本山であった善導寺の焼き討ちを行った。この焼き討ちによって善導寺はほとんどの堂宇が焼亡し、僧侶も多数殺害されるという物心両面にわたる大きな被害を受けている。この事件は戦国末の争乱の中で起きたものであるが、実態が明らかでないため理解が定まっていない(1)。本章では残された史料を検討し、まず実態の解明を行いたい。それを前提に、戦国末の善導寺が地域社会に占めていた位置などを探り、さらに、江戸時代の善導寺に与えた影響を考えてみたい。

善導寺の焼き討ち事件の検討は、誰と誰が戦ったという戦争史の次元から、一歩踏み込んで、当時の寺社がいかなる社会状況の中にあり、地域の人々といかなる関係を取り結んでいたかという問題を考えることになる。確かに、戦争史は地域がどのような戦乱の中にあったかを知るために必要なことであるが、それに留まらず、戦争がどのような社会状況で起き、地域にいかなる影響を与えたかを考える時期に来ている(2)。焼き討ち事件の検討は、その小さな試みでもある。

事件をめぐる政治状況

この事件の前提として筑後地方の政治状況を把握することが必要である。天正初年までは筑後国は豊後大友氏の勢力範囲であったが、天正六（一五七八）年十一月の日向耳川の合戦で、豊後大友氏が島津勢に敗北することにより、九州は大友・島津・龍造寺の三勢力が覇権を争う時代に入ることになる。

善導寺本堂（久留米市善導寺町飯田）

天正十一年には大友家の武将である戸次道雪・高橋紹運《じょううん》らが筑後攻略を進め、肥前龍造寺方であった高良山の麟圭《りんけい》が籠もる久留米城や城島城を攻めるが落とせない[3]。天正十二年三月、龍造寺隆信は島原での島津家久との戦いで敗死するが、いよいよ大友方、島津方、龍造寺方の勢力が激突する中で、八月には道雪と紹運は龍造寺方であった上妻郡猫尾城（現八女市黒木町）の黒木氏を攻め落とし、下筑後地方を転戦し、十月には道雪・紹運らは本陣を高良山に移している。それに伴い、以前から龍造寺方になっていた草野氏と戦闘を伴う緊張状態に陥り、十二月に善導寺の焼き討ち事件が起きている。この一連の過程については史料四を検討する際に詳説する。

翌年の天正十三年四月には再び戸次・高橋両将は草野発心《ほっしん》城の攻略を開始、その救援に出兵した龍造寺方と久留米祇園原・筒川などで戦った（筒川の合戦）[4]。久留米地方は龍造寺・大友氏の争乱の舞台となり、その政治状況の中で、戸次道雪は天正十三年九月十一日に死去している。

焼き討ちを受けた善導寺と草野氏との関係であるが、善導寺は鎌倉時代初期の承元二（一二〇八）年の聖光《しょうこう》上人による開創から草野氏が深く関わった寺院である。[5] 草野氏は善導寺が所在する山本郡一帯を支配しており[6]、戦国末の天正年間でも善導寺と草野氏は深い関係を持っていたことが想定される。微証であるが、『鎮西本山歴代誌』には永正年間（一五〇四―一二）、第十三世信誉《しんよ》代に草野長門守が施主として山門を建立とある[7]。善導寺と草野氏との寺壇関係は維持されているようだ。宗教的にも政治・経済的にも深く結びついていたことが推測される。

焼き討ち事件の史料の検討

今回検討する善導寺の焼き討ちに関する四点の史料は、いずれも同時代の史料ではない。江戸期に入って編述されたものであるが、それらを検討し、その実態に迫っていきたい。

史料一 城戸清種『豊前覚書』[8] 元和元（一六一五）年
（前略）右同申ノ十二月八日ニ足達対馬守・後藤市弥太・海老名弾介、善導寺見物ニ参候由、草野衆承付、飯田村へ臥勢仕、右之衆帰申候所ヲ、発立打捕申候、道雪様御腹立不浅候て、天正拾二年甲申十二月八日ニ善導寺御打破被成、両長老柳坂辺ニ引御出候て御成敗被成候

この史料は天正十二(一五八四)年十二月に起きた善導寺焼き討ち事件の記事であるが、元和元年、城戸清種《きよたね》が父豊前守知正《ともまさ》の武勇談や自らの見聞などを記したものである。父知正は戸次道雪の与力として肥前・筑後の見聞(情報収集役)として活躍しており、この記事内容は史料的に信頼を置けるものであろう。この史料は事件から三十一年後のものであるが、事件と最も近い時期の当事者の記録である。善導寺を攻めた側の史料であるが、この史料の検討は多くの知見を与えてくれると思う。

内容は次の通りである。天正十二年十二月八日に戸次道雪の家臣である足達・後藤・海老名らが善導寺見物に行ったが、草野衆がそれを承付(聞きつけ)、善導寺が所在する飯田村に家臣を隠して、彼ら三人が善導寺から帰るところを攻撃し、三人を打ち捕らえる事件が発生した。それを知った戸次道雪は激怒して、善導寺を攻めて破り、善導寺の二人の長老を耳納《みのう》山麓の柳坂付近(史実は放光寺[9])に連行して成敗したとある。

この史料を読むと疑問が湧いてくる。足達ら戸次家臣を攻撃したのは草野衆であり、善導寺ではないのに、なぜ戸次勢は善導寺を攻撃したのかということである。この疑問についてはいくつかの可能性を想定することができるだろう。

戸次氏の家臣三名が善導寺に参詣に来たことを、善導寺が草野氏にひそかに伝えたことを知った戸次道雪が、善導寺と草野氏が同盟関係にあると判断し、善導寺への攻撃となった。二つめに、草野氏が独自に

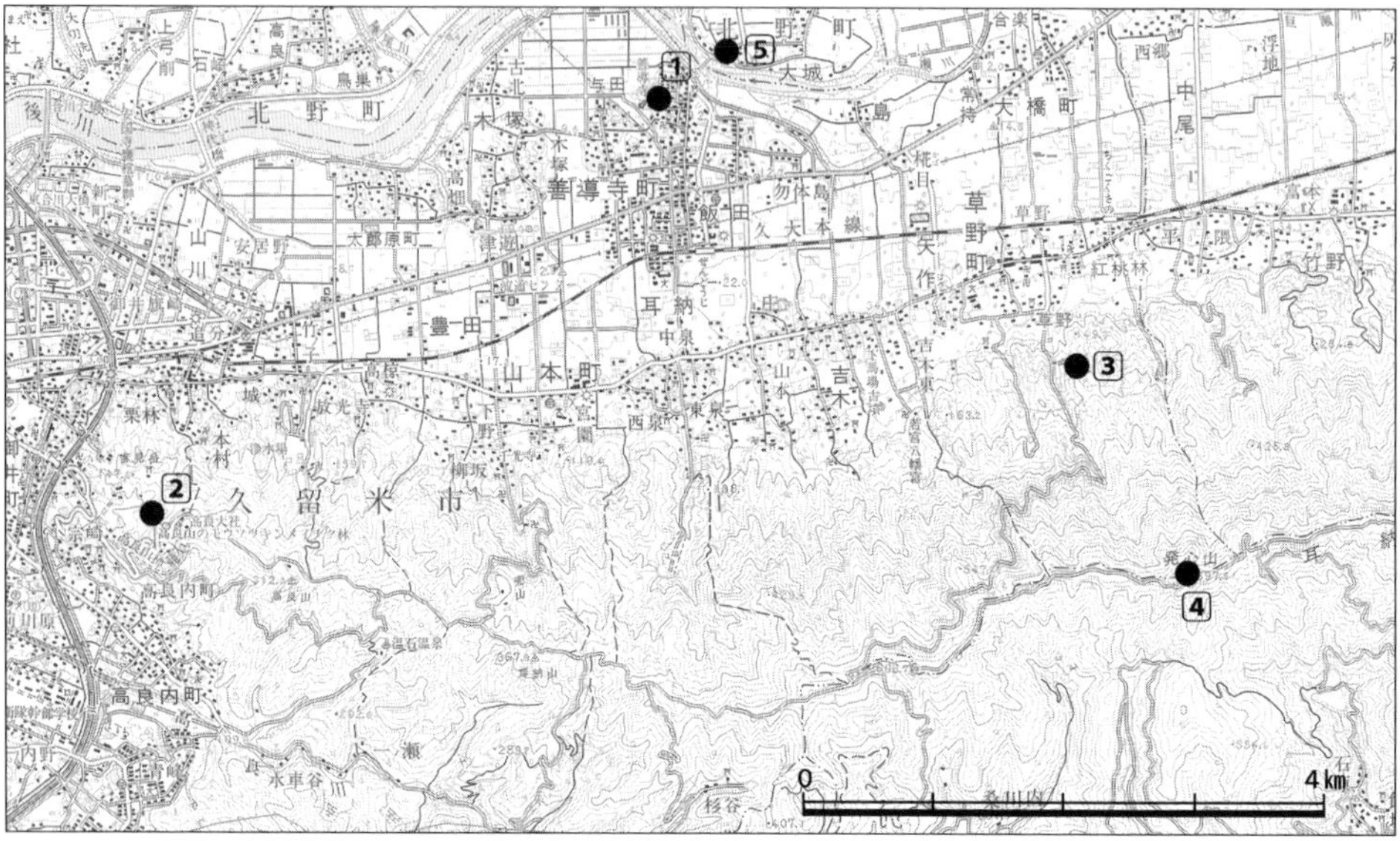

図１　天正12年善導寺焼打事件位置図

①善導寺／②高良社／③草野氏館／④発心城／⑤念仏田

（国土地理院２万5000分の１地形図をもとに久留米市教育委員会・小澤太郎作成）

戸次氏側の動静を把握し臥勢して攻撃したのに対して、道雪はこれを善導寺と草野氏の共謀としてとらえ、善導寺への攻撃となった。三つめとして、道雪は日頃から善導寺の政治的な位置が草野氏側であることを知っており、この事件を好機として善導寺への攻撃を行った、などが想定できそうである。

いずれにしても、戸次道雪には草野氏を滅亡させるために邪魔になるものは除くという目的があり、草創以来、草野氏と歴史的に深い関係にあり、飯田地区を中心に地域権力を持った善導寺への焼き討ちが行われたと想定される。

本文中の「善導寺御打破被成」とは、敵である善導寺を攻め負かすということであり、善導寺は戸次勢にとって敵対勢力であると理解されていたことを示すものだろう。また、図一で示すように善導寺が所在する飯田村は草野方と戸次方の両勢力が拮抗する最前線であり、戸次家臣の善導寺参詣はその緊張を一気に高めるものであったことが事件の背景にあると思われる。

史料二 『寛延記』[10]　寛延二（一七四九）年

一第十九世　大誉祖吟上人

此時天正十二年、戸次道雪当寺参詣、此折節草野家士支於途中中島云処、依之当寺含憤根（ママ）、其後請和睦由計之、十二月十五日、道雪於于放光寺亭在無実之招待、所化上座十二人塔頭三僧徒被召連悉殺害之、于時祖吟辞世ウツ人モウタルル人モモロトモニヲナジハチスノミトソナリケル詠、其次善導寺押寄堂舎仏閣幷勅願所之綸旨等不残回禄、此時者九州檀林而所化寮五十有余軒、塔頭三十六坊在之、西国者一統悉門中也、此時回禄紛失綸旨勅額記（後略）

この史料は、善導寺が所在する山本郡飯田村の庄屋が村内の寺社・旧跡・諸仏などを書き上げ、藩庁に提出したものの一部である。善導寺についての内容は『鎮西本山歴代誌』（以下『歴代誌』と略称する）[11]の第十九世大誉《たいよ》祖吟《そぎん》上人に関する内容を要約して飯田村庄屋が提出したものである。したがって、この史料の内容は寛延二年以前に成立していたことになる。

史料二では、善導寺に参拝したのは家臣ではなく、道雪自身であり、草野家の侍が中島[12]という所で食い止めたという。それに対し道雪は憤恨したが、背後には善導寺がいることを知っていたため、善導寺と一旦和睦し、いつかこの憤懣《ふんまん》を晴らそうと計画していたとされている。内容は道雪の個人的な意趣返しのような表現になっている。さらに、十二月十五日に道雪が放光寺に無実（嘘）の招待で僧侶たちを招き、殺害したとある。ここにも道雪側が不実を働いたとの批判がある。

日時についても、史料一は十二月八日であり、七日の違いがある。また、その殺害の後、戸次勢は善導寺に押し寄せ、堂舎を火にかけて勅願所の綸旨《りんじ》などがすべて焼失してしまったとある。善導寺には中世にさかのぼる建物は現存せず、また、善導寺は中世文書の所蔵がないことから、これは事実であろう。(13)

この当時、善導寺は九州の浄土宗の檀林《だんりん》(学問所)であって、所化《しょか》が住まう坊が五十余軒、塔頭三十六坊があり、西国一統は悉《ことごと》く門中であったと記している。この記事を全面的に信頼できないが、かなりの僧侶が善導寺に居住していたことになる。焼き討ちを受ける以前の中世善導寺の最盛期の姿を反映している史料と理解しておきたい。(14)

また、事前に紛争が起きた際には和睦したが、遺恨を残した道雪が、それを晴らすため僧侶の殺害と堂舎などの破壊を十二月十五日に行ったとしている。史料一では焼き討ちを行い、長老を柳坂に連行して殺害したとあるが、史料二では逆である。焼き討ちと僧侶殺害の順序が違っている。この史料では、道雪の憤恨が原因であって、善導寺側には落ち度がないという立場で作成されており、道雪を非難する視点からの記述である。

しかし、注目すべき点は、十二月十五日以前に善導寺と戸次道雪との間に和睦がなされたことである。これは善導寺・草野家と戸次道雪との対立があったことを認めるものであり、道雪側に責任があったという善導寺側の先の主張を弱めるものとなっている。

この書上は寛延二年以前の善導寺側の事件に対するとらえ方であり、善導寺に非はないという被害者としての主張を示すものとして注目される。(15) 注意すべき点は事件発生日の違いであるが、善導寺側がどのような根拠によって十二月十五日としたのか、説明できないでいる。今後の課題としたい。

境内等十二町在之、此節乱四町減見、此時迄行者両人在之

不思議哉三祖尊像、炎焼中同時飛去玉フ、御跡慕行大城村云処田中止玉フ、有信道俗銘肝、暫此所念仏長行 此処ヲ今ニ念仏田ト云ヘリ[16]（後略）

右の史料は『歴代誌』にある記事を飯田村庄屋が略記した際に、引用していない部分である。境内などが十二町あったが、四町に減少したという。十二町を領していたというのは宗教領主としての地位を示すものである。また、この時期に行者が両名いたという。行者は善導寺の長老の別表現と考えているが、彼らによって善導寺が運営されていたのであろう。当時の寺院運営を示す史料であるが、実態については不明である。

この記事で最も注意すべきは、三祖尊像[17]が焼き討ち炎上中に飛び去り、跡を慕っていくと筑後川を挟んだ対岸にある大城村の田中というところに止まった、これにより有信道俗の人々がここで念仏を行い、その場所が念仏田と呼ばれるようになったという記述である[18]。念仏田の位置は図1に示している。

三祖像を祀る善導寺三祖堂

実際はありえないことであるが、この伝説は三祖像が焼失しなかったことを受けて、善導寺の僧侶によって霊像の奇瑞《きずい》を表すものとして作り上げられた物語であろう。三祖像はこれだけの霊的な力を持つ像として江戸時代には宣伝されたのであろう。古代・中世に高僧が死去した際の、紫雲やかぐわしい香りが漂う、宗教的な興奮と忘我の状態、恍惚の状態（エクシタシー）を描く寺院縁起などが多く見られるが、これも同じような宗教的な作為であろう(19)。

この大城村の伝説は、焼き討ちを受けた後、被害を逃れた三祖像をしばらく大城村で祀ったことがあり、その事実を踏まえて賢い僧侶によって作られた物語と考えている。ここでは、後に触れる史料三・四にある、戸次氏側の新田掃部允《かもんのすけ》が尊像を守ったという事績(20)には全く触れられていない。善導寺を咎めるものではないが、歴史事実を隠蔽・無視し、都合のよい解釈と伝説が作られたようだ。善導寺が中世寺院から近世寺院として再生していく過程で、三祖像の霊験を宣伝するために行われた作為と考えている。

善導寺が武力を持ち対抗したことに触れず、平和的な宗教組織としての性格を強調していく上で作られた物語であり、『歴代誌』の記事は幕藩体制の中での寺院の在り様をよく表現したものであろう。

史料三　久徳重恭（淡居）か『筑後秘鑑(21)』安永七（一七七八）年か

鎮西本山善導寺　在飯田村之内

浄土宗の本山にて聖光上人開基なり

酒井氏蔵旧記曰、善導寺十九代大誉上人不似事言故、草野氏與立花道雪謀、立花ノ侍二人上下五六十騎ヲ木塚村ニテ討取ル、道雪即時ニ善導寺へ押寄セ坊舎焼払、坊主ハ十三人生捕、六坊ヲ放光寺ニ殺ス。六坊ノ塚于今在リ、池ニテ大誉上人モ殺、于時新田掃部允木像ヲ守出ス、幼少時此寺ニテ手習シテ存ル故也。掃部ハ後道雪ニ奉公ス、云々

この史料は安永七年頃に成立したものと考えており、先の『歴代誌』より三十年ほど後のものである。善導寺は草野氏と謀って立花道雪の侍二名と上下五、六十人を飯田村の西に接する木塚村で討ち取った。討ち取られた人数からして大きな戦闘であったろう。場所が飯田村ではないところが注意されるが、それに反発した道雪が善導寺に押し寄せ坊舎を焼き払い、僧侶十三人を捕らえ六人を放光寺で殺害する。僧侶の人数などは史料二などと違いがある。

また、史料一・二にはなかった記事として新田掃部允が木像（三祖像）を守り出している。その理由は新田が幼少の頃、この寺で手習いをしており、木像が焼亡することが耐えられず、守り出したということである。この史料は善導寺と草野氏がともに謀ったという点から、史料一と同様な視点での記述となっている。

引用されている「酒田氏蔵旧記」という史料は『筑後将士軍談』所収の「酒井氏」[22]の項目に引用されている内容であろう。それによれば、酒井氏は本姓は新田氏であり、久良の代の慶長の初めに肥前養父《やぶ》郡酒井村に住したことから酒井氏と名乗ることになったという。この久良の弟が新田掃部助と名乗り、大友氏の没落後、立花宗茂に属し、慶長五（一六〇〇）年の八院合戦で戦死している。戸次道雪の死後、跡を継いだ立花宗茂に仕えたのであろう。この履歴は時期的に齟齬がなく、この人物は史料三に出てくる人物のことであろう[23]。

『筑後将士軍談』所収の「酒井氏」から酒井家系図を復元すると次のようになる。

義照――義英（岩千代丸、後遠江守）┬久良
　　　　　　　　　　　　　　　　　├某　新田掃部助ト称ス、大友没落後、立花宗茂ニ属、八院戦死
　　　　　　　　　　　　　　　　　└善良　隈部筑後入道ト称ス

また、『筑後志』巻四の「新田右衛門督義照[24]」の項に、

新田義貞の裔なり、北国を落ちて当州生葉郡に来住し、後年大友家に従属し、其子岩千代丸（後に遠江守と号ず）大友義鎮に仕へ、其季子善良法師、本州善導寺に在住しけるが、還俗して氏を隈部と改め、筑後入道善良と号ず、頗る勇義絶倫の人傑なり、今按ずるに竹野郡石垣村新田の城跡、同郡南鳥飼村の城址、共に新田氏の築く所なりと、里老の伝説にあり。疑らくば新田義照居を当州に移して後、築く処なる歟

とある。注意すべきは、新田掃部允の弟は善良法師として善導寺に在住とあり、新田氏と善導寺との関係の深さが浮かび上がる。兄である掃部允がこの寺で書を学んだというのは事実と思われる。史料三は酒井氏の史料から作られているが、系図や『筑後志』の記述からも、掃部允が木像を守ったという記事は信頼できると思う。

史料四 矢野一貞『筑後将士軍談』(25) 嘉永六（一八五三）年

同天正十二十月十四日、草野長門守重当作鎮、下倣之永カ込リタル、発心岳ニ押寄テ、唯一揉ニ揉落サント、息ヲモ継ス攻動カス処ニ、善導寺ノ衆徒等草野ニ内通シテ道雪ニ申シケルハ、重永降参ノ扱ヒヲハ、当寺ヨリ仕ルヘキニテ候間、御人数ヲ挙ラレ、御手ノ侍ヲ賜ルヘシ、左有ハ寺僧ヲ相副、重永カ証人ヲ受取、御陣ニ送候ヒナンスト申ニ依テ、道雪モ得心シ、即チ手ノ者ヲ遣シケレハ、僧侶相伴ヒ、発心ノ城ヘト赴キケリ、其人数飯田村ヲ過ケル時、伏兵ノ衆徒忽然トシテ発リ、前後ヨリ追取巻テ、一人モ余サシト無二無三ニ討テ掛ル、立花勢モ抜合セ、火花ヲ散シテ戦シカ由布宮内惟貞、十時勘解由兵衛惟元一作勘解由惟基和泉守長子足達対馬、後藤隼人一作市弥太新五嫡子、隼人父海老弾助等討死ス、道雪大ニ忿怒ヲ発シ、即時ニ重永ヲ攻亡シ、直ニ善導寺ニ押寄、一宇モ残サス焼払ヒ、一人も残ラス切倒ス、樋口先祖書、歳代記、並曰、Ⓐ**天正十二年、道雪紹運黒木出張ノ時、善導寺ニ乱入放火寺院ヲ焼亡シ、僧侶十五人ヲ殺ス** 此時開山ノ木像ヲ焼ントスルニ、新田掃部此像を取出シ、林ノ中ヘ投入ケルヲ、道雪屹度見テ、如何掃部ト声ヲ掛ラル、掃部敬テ申ケルハ、臣昔当寺ニ候ヒテ習書仕タル好ミアレハ、流石、此像ヲ焼ニ忍ヒス、其上悪僧コソ誅セラルヘケレ、寺号ヲ削ラレ候迄ハコレ有マシクト存、斯ハ計ヒ候也ト申ケレハ、道雪打笑テ、吾豈暴ヲ以テ暴ニ代ンヤトソ宣ヒケル 高、雑、幷云、Ⓑ**天正十二年十一月、攻破草野里城、追上右衛門督鎮永於発心嶽**

（ⒶⒷ挿入及びゴシック変換は筆者）

史料四は史料一・三と重なる点もあるが、この事件が起きる経過について、今まで触れてきたことと違う内容がある。善導寺が、草野氏と戸次氏の仲裁に立った点である。

概略に触れていく。天正十二年十月十四日、道雪が草野長門守重永(26)の立て籠もる発心岳に押し寄せて、一気に揉み落とそうとしていたが、善導寺の衆徒が草野家と内通し、重永の降参の扱いを当寺より仕《つかまつ》るので、御人数をあげて御手の侍を賜るべしと言い、そうであるなら寺僧を相副《あいそ》え、重永の証人を受け取り御陣に連れてくると道雪に申し上げると、道雪も得心し、手の者を遣わし僧侶を伴い、発心城へ赴いた。その人数が飯田村を過ぎる時、伏兵の衆徒が忽然と現れ、前後より追い、取り巻いて一人も逃さんと討ちかかった。立花勢も刀を抜き火花を散らして戦ったが、由布宮内、十時勘解由兵衛、足達対馬、後藤隼人、海老弾助などが討死した。

道雪は大いに怒り即時に重永を攻め滅ぼし、直ちに善導寺に押し寄せて一宇も残さず焼き払った。この時、開山の木像を焼こうとしたが、新田掃部允はこの像を取り出し、林の中に投げ入れた。道雪はこれを見て、掃部何をやっているのかと声をかけると、掃部は、私はこの寺で書を学んだよしみがあるので、流石にこの像を焼くのは忍びない、悪僧は誅されるべきであるが、寺号を削ること（仏像を焼くことで寺院の根本をなくすこと＝廃寺）はあるべきではないと存じ、このような計らいをしましたと申し上げた。道雪は打ち笑い、吾は暴をもって暴に代えようとしたと言われたとある。

割註の部分は焼き討ちの日時を考える上で重要である。割註Ⓐは、焼き討ちの時期は天正十二年の道雪・紹運の黒木攻めの際に起きたとするのみで、日時を明確に述べていない。Ⓑでは、道雪は天正十二年十一月に草野氏の里城を攻め破り、鎮永（重永）を発心城に追い上げたとあることから、両者の戦闘は十一月にも継続していたことになり、矢野一貞はこの善導寺焼き討ち事件の日時を十一月以降とするのみで確定させていない。

『戸次軍談』によれば、上妻郡黒木伯耆守《ほうきのかみ》が籠もる猫尾城を攻めるため、道雪が立花城、紹運が岩屋城を発ったのは天正十二年の八月十四日とされている。(27)途中、秋月・星野などの軍勢を打ち破り、耳納越えを行い、八月十九日に黒木猫尾城に着到しているようだ。(28)同九月一日には猫尾城が陥落、そこに田北宗鐵《そうてつ》を置き、蒲池兵庫頭鎮連が籠もる山下城に向かい、下筑後の攻略を行っている。

九月八日には下妻郡禅院村の建仁寺宛に道雪・紹運名で禁制を発しており、この時期の活動が分かる。(29)さらに、龍造寺方であった鷹尾城・柳川城を攻めるが攻め切れず、柳川から上妻郡坂東寺に兵をまとめ、(30)さらに、城島城を攻めるが、道雪の弟右衛門が戦死し敗北する。その頃、高良山座主《ざす》良寛の誘いで十月三日、全軍を高良山に在陣させることになり、同月十四日に草野長門守重永を攻めたとある。(31)したがって道雪による草野氏攻めは十月十四日以降であるとすれば、善導寺の焼き討ち事件もこの日以降となる。

草野氏の里城を破り、草野氏を発心城に追いこんだが、草野氏を滅亡させることができなかった道雪軍は、浮羽方面の星野・問注所の領内に入り、所々を放火して城を孤立させ、筑後川を渡り敵対する秋月領に入って甘木辺を焼くなどの動向が分かる。同時に大友義統《よしむね》の下知に従い田原親家は筑後に出陣していたが、逆に秋月勢に追い立てられて日田に退くにつれて、道雪軍も高良山に再び入り、年末には諸将を高良山、柳坂、北野辺に配置し、越年したとある。(32)これに従えば、十月十四日から年末にかけて、草野氏・善導寺との緊張関係は維持されていたと考えられるのである。

検討してきたこれらの史料で注意されるのは、焼き討ち事件の起きた日が違う点である。

史料四『筑後将士軍談』説　十一月以降　　嘉永六（一八五三）年成立

史料一『豊前覚書』説　十二月八日　元和元（一六一五）年成立
史料二『歴代誌』説　十二月十五日　寛延二（一七四九）年以前成立

とあり、約一か月の間がある。後述するが、史料一は事件に近い時期の史料であり、この日時が最も信頼できるのではなかろうか。

矢野の見解は天正十二年十月十四日頃から草野氏と戸次氏の間は戦争状態に入り、この時期に最終決着となった事件として焼き討ち事件をあげている。矢野は、史料四のⒶでは道雪・紹運が黒木攻めの時に善導寺に乱入して放火し僧侶を殺害したとするが、Ⓑでは天正十二年十一月に草野氏を攻め発心城に追い上げたと記す。矢野がどのような史料をもとにこのように記したかは不明であるが、十月十四日以降十一月になっても道雪・紹運勢と草野氏との攻防は決着が着かない状態であったことを述べたものである。

これらの戦闘でも草野氏は道雪方に滅ぼされておらず、発心城に立て籠もったとあるので、草野地区の北にある飯田地区は依然として草野氏の勢力圏であったと考えることができる（図1参照）。このような膠着段階を解消するために、史料四の善導寺による草野氏と戸次氏との虚偽の仲裁事件が起きたのであろう。それが十二月八日のことであったと考えておきたいのである。

さらに、『筑後将士軍談』所収の「由布系図」[33]には、由布宮内惟貞《これさだ》は天正十二年十月四日、善導寺にて戦死とある。この史料についても日時が問題となるが、史料一・三・四に見られた相違点として、道雪側の戦死者数の違いや、焼き討ちの原因や両者の衝突の内容の違いがある。これは十二月八日の事件以前に、数度の道雪方と善導寺・草野氏との戦闘が飯田地区を舞台にして起きており、それぞれの戦闘の記録によって史料一・三・四が作成されたのであろう。それが各史料の内容の違いとなったと判断している。数度の戦闘の最終決着が十二月八日の善導寺焼き討ちであったとしたいのである。

地域権力としての善導寺

戸次道雪側の討ち取られた家臣名が史料一では三名、史料四では五名出てくる。そのうち足達・後藤・海老名の三名は重なっている。彼らが草野家の家臣から討ち取られたのは事実として認めてよいと思う。史料一は見物に行ったものが殺害され、史料四は善導寺の謀略によって五名のものが殺害されるという違いはあるが、草野氏と善導寺が一体となって戸次氏に対抗していたという実態は矢野一貞も認めている。

この史料四で最も重要な点は、善導寺の僧侶が草野氏との仲裁に立つと虚偽を述べて戸次氏の家臣を殺害していることである。このような内容は今まで述べてきた史料にはなく、新しく事件の経過を語っている。また、寺院が戦争状態の当事者に対して仲裁の機能を有していたことが見て取れるのである。寺院が中立の立場で両者に接触するという機能を持っており、その慣習に基づいて道雪は同意したのかもしれない。無縁所としての機能を想定できるのだろうか[34]。

善導寺と草野氏は一体の存在であり、善導寺の衆徒は「伏兵ノ衆徒忽然トシテ発リ、前後ヨリ追取巻テ、一人モ余サシト無二無三ニ討テ掛ル」（史料四）という合戦の様子から武装していたことが明らかである。これが本文にある「悪僧」という存在の実態であろう。

新田氏は季子《きし》（末子）を善導寺に入れ、善良法師となっているが、彼は在地土豪の子弟であり、武力に遠い存在ではなく、後に還俗し、勇義絶倫の人として評価されている[35]。このような出自を持つ人々が寺院内部におり、その存在が戸次氏側から悪僧と呼ばれたのであろう。善導寺は武装し、草野家と一体の宗教領主であったといえるだろう。武装して戸次氏に敵対した善導寺を潰したのが、この焼き討ち事件の実態である。

新田氏の基盤は山本郡の隣郡である竹野郡であり、善導寺は地理的に近く、この地方で有数の歴史・由緒を持つ寺院であった。新田掃部允が寺で習書を学んだという事例から、この寺院が周辺住民にとって知識を得るための修学の場の機能を持っていたことが分かる。これは寺院と周辺住民が取り結んだ社会関係の一端を示している。善導寺が、その地域の住民との寺檀関係に基づく宗教領主としての支配関係を築いていたことは推測される。それを具体的に示す史料を提示できないが、地域の領主としての性格を持つ寺院であったため、この戦乱は住民をおのずと巻き込むことになったのであろう。

宗教勢力は平和を目指すものであり、それを阻むものと戦う存在であるという先入観は検討が必要である。戦国時代の戦争・飢餓・生命の危機という中で、多様な社会集団は自力救済という厳しい社会の中にあり、自分たちの所領、生活を守るためには村、地域全体が結びつき、他の集団に対抗することが普通の姿であったことはすでに明らかにされている[36]。善導寺が武装していることは、当時の社会では通有の姿であったといえる。

史料二にある、戸次氏による無実（嘘）の招待で殺害された善導寺の僧侶は被害者であるという、戸次氏を非難する言説は江戸中期には成立していたものである。戦国末期の武装した寺院の姿に触れず、寺院を攻撃した戸次氏の非道を弾劾するという、寺院側によって作られた事件の解釈であろう。しかし、戦争状態にあった戦国末期の諸勢力の葛藤・争乱の過程で発生したものとするのが、実態なのであろう。

天正十三（一五八五）年に筑紫広門《ひろかど》が高橋氏の筑前宝満城を攻めた際には、高橋方は四、五十人の女・童共に鎗・長刀を持たせ、郭に込めて二つの口を固めていた。筑紫方は郭を攻め破ろうと進んだが、女・童の手にかかり、死するもの百人を超えたと伝える。(37) この例からすれば、善導寺の戦闘には衆徒以外でも寺に住む様々な階層の人が巻き込まれた可能性を想定すべきであろう。

史料二は戸次道雪を非難する立場で善導寺によって作られたが、この言説は善導寺が持っていた当時の歴史的な実態とかなりかけ離れたものであろう。暴力とは最も縁が薄い僧侶を殺害し、非難すべき悲しい事件として定着させたものが史料二である。もし、事件発生日が十二月八日であれば、この記録は日時も改竄を行っていることになる。史料一・三・四は勝者（武家方）の視点から記録されたものであるが、この事件の大枠を示すのはこれらの史料であると考えている。

善導寺の大溝

先に述べたようなことを考え始めるきっかけとなったのは、平成十五（二〇〇三）年から同二十四年度まで実施された、重要文化財である善導寺の建物群の保存修理事業に伴う建物敷地の発掘調査であった。調査によって戦国末から近世初期の善導寺の地下の様相が明らかになった。その中で、最も注目したのは役寮及び対面所、大書院の敷地から発見された大溝であった。(38) その発見された溝の位置を現況の伽藍図（図三）に示す。

この溝は断面がV字形（薬研堀《やげんぼり》）で深さ二・八m、幅は最大で二・七mの規模を持つ（図四）。総延長

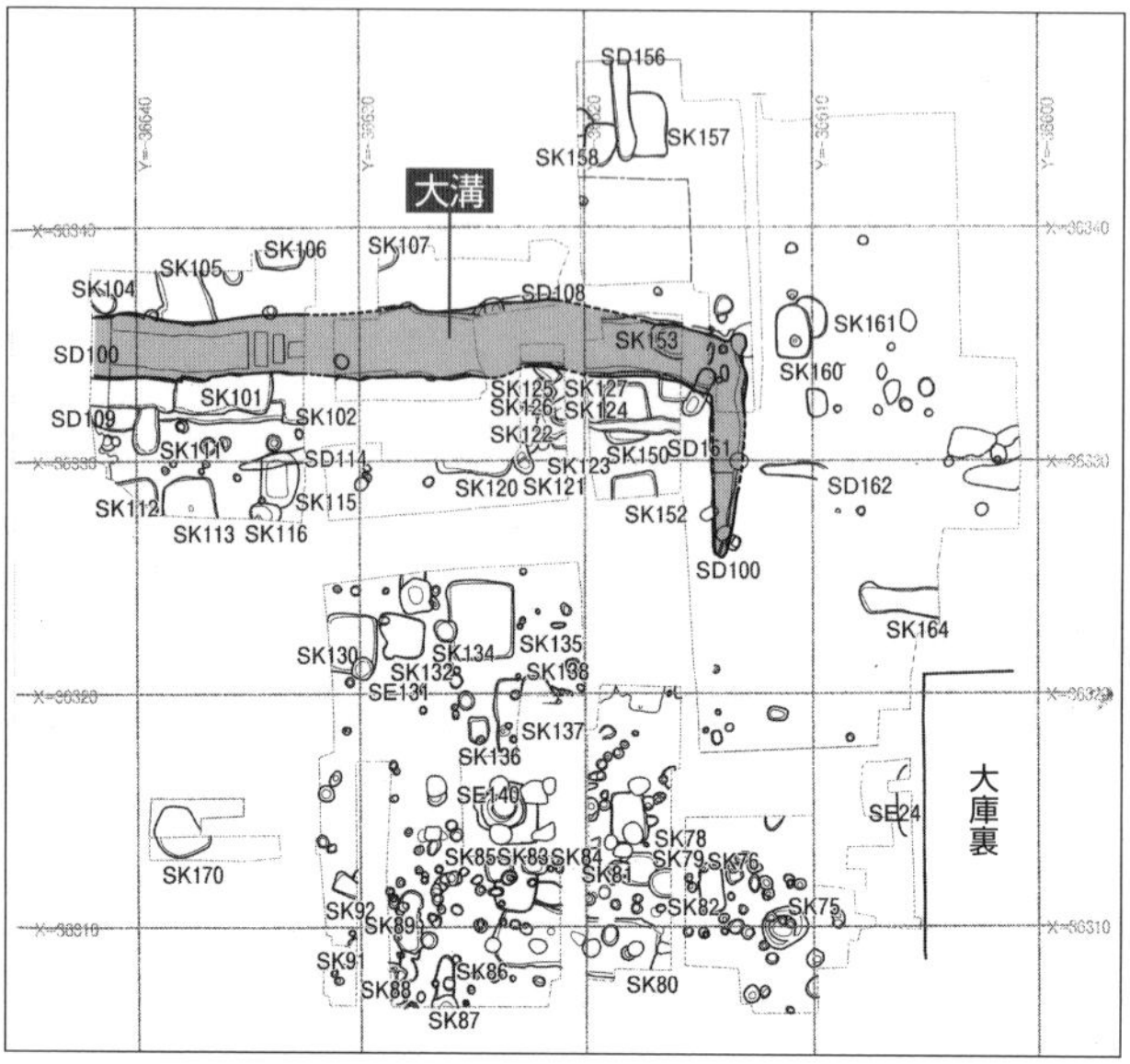

図2　善導寺遺構配置図

（公益財団法人文化財建造物保存技術協会編『重要文化財善導寺大庫裏他六棟保存修理工事報告書』〔善導寺、2013〕掲載の図面に久留米市教育委員会・水原道範が加筆）

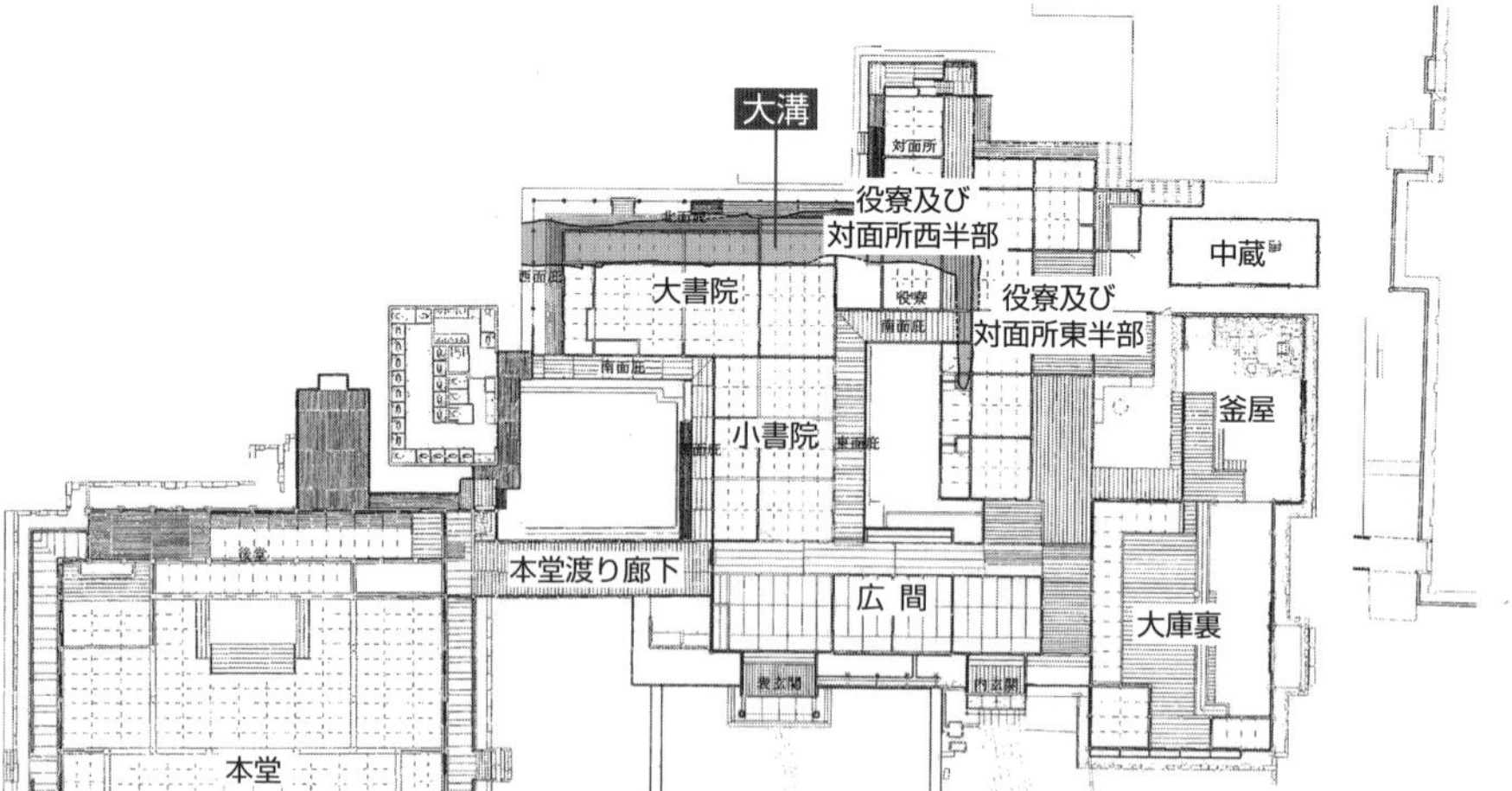

図3　善導寺伽藍図

（久留米市教育委員会・水原道範作成）

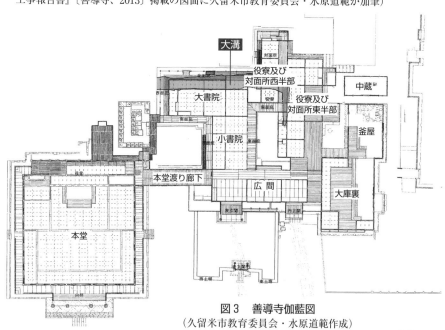

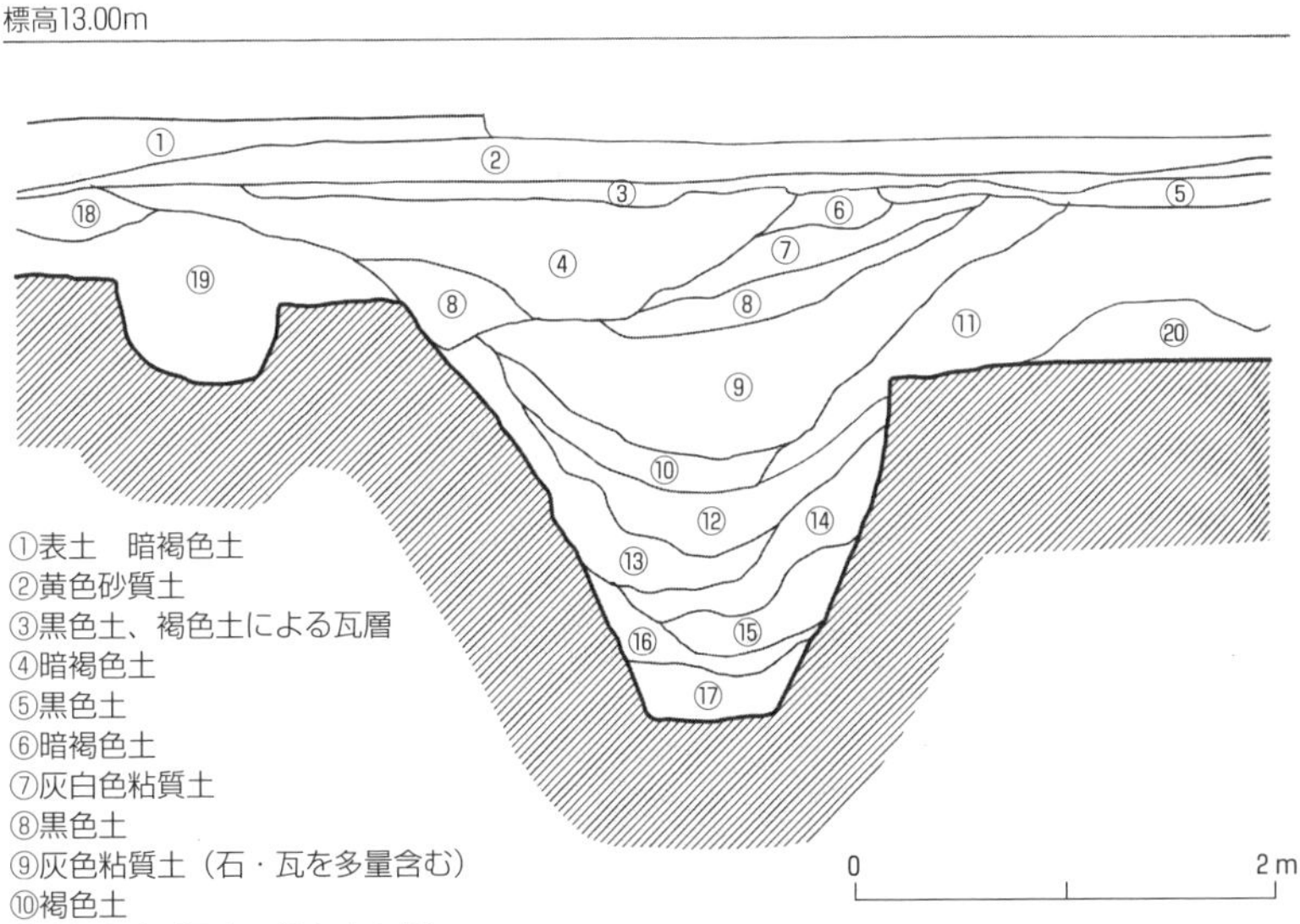

①表土　暗褐色土
②黄色砂質土
③黒色土、褐色土による瓦層
④暗褐色土
⑤黒色土
⑥暗褐色土
⑦灰白色粘質土
⑧黒色土
⑨灰色粘質土（石・瓦を多量含む）
⑩褐色土
⑪暗褐色土（灰色・黄色土含む）
⑫暗褐色土
⑬褐色土
⑭暗褐色土（拳大の石を少量含む）
⑮暗褐色土（黄色・黒色土を多量含む）
⑯暗褐色土（黄色ブロック土を少量含む）
⑰暗褐色土（黄色砂質土を多量含む）
⑱褐色土
⑲黒色土
⑳褐色土

図４　大溝の断面土層図
（公益財団法人文化財建造物保存技術協会編『重要文化財善導寺大庫裏他六棟保存修理工事報告書』より）

約二七ｍが確認され、さらに西に延びていることが推測されている。また、東は役寮及び対面所の地下で直角に南へ曲がり、徐々に浅くなり消滅している。この溝の南側には、溝を掘った際の土が土塁として積み上げられていたことが、溝の埋土層から想定できることから、土塁上から見ればさらに深く、幅広の

発掘調査時の大溝（久留米市教育委員会提供）

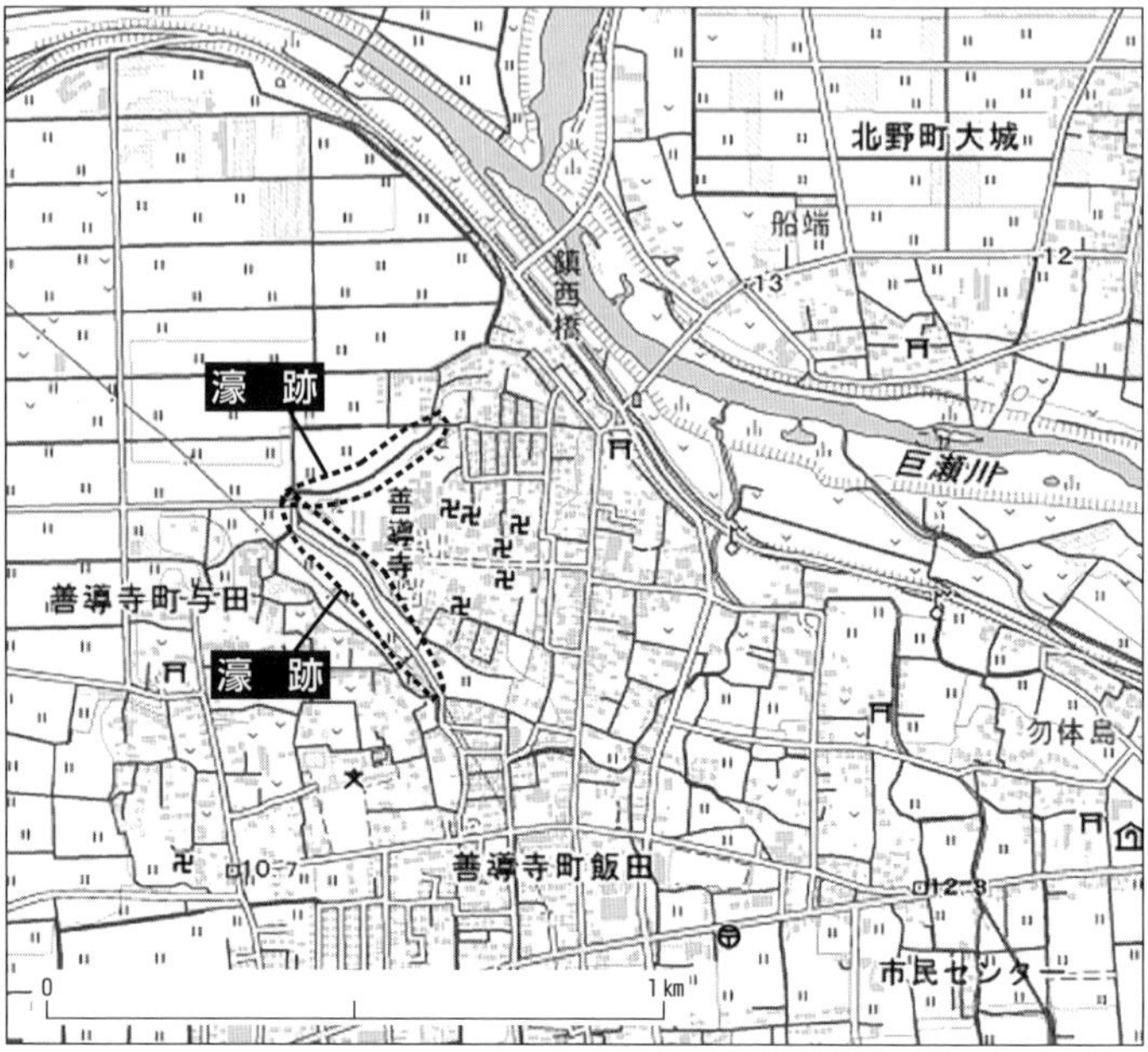

図5　善導寺に残る濠跡
（国土地理院２万5000分の１地形図をもとに作成）

溝となる。この溝底から這い上がることは簡単ではなく、落ちたら危険な溝であったろう。

この溝は農業用水の溝の可能性もあるが、砂質土の中に掘られ、調査中の雨でも湛水することは少なく、農業用の溝としての機能は想定していない。可能性としては、北側（筑後川右岸）からの攻撃から本堂などの主な伽藍を守るための溝と想定できそうである。先に善導寺の衆徒は武装していたと述べたが、この大溝は善導寺を守るために造られた防御施設の一部と推測されるのである[39]。

この溝の築造時期について報告書では、溝上層の埋土から古い寛永通宝（寛永十三〔一六三六〕年鋳造）が出土していることから、江戸初期に埋められており、開削されたのは中世末から近世初期とされている。

ちなみに古代以来の宗教的な権威を持った高良山は座主・大祝《おおはふり》・大宮司などの宗教勢力によって維持され、戦国期には大友氏の支配下に入り、高良山には吉見岳城、東光寺城、毘沙門岳城、鶴ヶ城、杉ノ城などの山城が構築されている。[40]また、「高良山諸士名字録」（厨家《くりやけ》文書）には天文二十二（一五五三）年に一〇七名、永禄十三（一五七〇）年には六十三名の家臣があげられている。また、「神職其他守衛之武士山中山下千三百余家」（『玉垂宮略記』）とか「衆徒行者千有余人」（『陰徳太平記』）とあり、多数の兵力を有していたとされている。[41]宗教施設とその権威を守るため、城郭と武力が存在し、地域権力を維持していたことが分かる。[42]

善導寺もそのような武力を保有し、防御施設があったと推測することは許されるはずである。史料一での「善導寺御打破被成」るという表現は、このような防御施設を持った善導寺を打ち破ったということなのだろう。防御施設とその兵力を破った（破壊）という意味を持つ表現ととらえ直すべきであろう。筑後地方の有力な寺社は、よく戦争で焼亡したという記録があるが、これは当事者が敵方の拠点を破壊することで、再度立ち上がることを防ぐ目的があった。善導寺の焼き討ちは、その勢力と拠点を壊滅させる一事例である。

戦国時代末の天正十四年七月六日には高良山は島津氏によって焼き討ちを受けたが、[43]この戦争は大規模な破壊を伴う筑後国での戦国争乱の掉尾《ちょうび》を飾る事件であった。翌年には豊臣秀吉による九州支配が成立し、争乱の時代が一応収束するからである。善導寺は焼き討ち後も、慶長五（一六〇〇）年に黒田如水によって諸堂が破壊されるなどの被害を受けるが、復興が果たされ、近世寺院として出発することになる。

おわりに

善導寺の焼き討ちは戦国時代末の事件であるが、村落に限らず自力で自分たちの集団の保持を目指すという自力救済の時代を表すものであった。焼き討ち事件は加害者を咎める視点から把握されがちであるが、被害者側が持っていた政治的・社会的・経済的な環境の中でとらえ直すことが必要である。当時の善導寺は武装していたのであって、草野氏と連携して戸次氏と対立していた姿を確認できたと思う。僧侶が殺害された悲惨な事件としてだけではなく、善導寺が直面していた様々な政治状況の中で理解することが求められている。江戸中期の善導寺の僧侶の論理に紛らわされてはならないのであろう。

註

（1）善導寺発行の『大本山善導寺誌』（一九七九）では、この焼き討ちの原因として、善導寺の大檀越であった草野氏は従来は大友方であったが、佐賀の龍造寺氏に属することになったため、大友方の戸次道雪が草野氏を恨み、その恨みを当山に移してこの焼き討ちとなったとしている。これが宗教法人善導寺の理解である。

それに対し、久留米市史編さん委員会編『久留米市史』第一巻（一九八一）の第三編「中世の久留米」第三章「室町・戦国時代の筑後」では、天正十二年の戸次道雪・高橋紹運の筑後地方の動向を述べるが、善導寺焼き討ちについて触れず、第四章「中世社会の文化と環境」で、「天正十二年（一五八四）当時の保護者草野鎮永と立花城主戸次道雪との戦闘に巻き込まれ、当時の十九世祖吟らが謀殺にあい、堂宇も焼き払われ末寺が離反してまさに廃絶にひんした」とある。また、『久留米市史』第六巻（一九九〇）所収の「年表」では、『歴代誌』に沿って天正十二年十二月十五日に戸次道雪が善導寺を焼き討ちしたとされている。

以上のように、善導寺側では草野氏への道雪の恨みが善導寺に移され、焼き討ちを受けたとされる。『市史』では草野氏と道雪の戦闘に巻き込まれたと把握されており、善導寺に責任はないという視点からの記述となっている。これが一般的な善導寺の焼き討ち事件への理解である。このように、この事件について理解が定まっていない。

(2) 藤木久志『戦国の村を行く』(朝日新聞社、一九九七)、同『土一揆と城の戦国を行く』(朝日新聞社、二〇〇六)などの一連の著作の内容に学ぶところが大きかった。

(3)「神代弥左衛門遺戒書」(『久留米市史』第七巻資料編古代・中世、一九九二所収)

(4) 野田正夫『家勤記得集　上広川大庄屋稲員家記』一九七五。抄録が『久留米市史』第七巻資料編古代・中世に収録されている。

(5) 川添昭二「筑後善導寺の建立と草野氏」(九州歴史資料館『九州の寺社シリーズ5　筑後大本山善導寺』一九八一)

(6) 永正五(一五〇八)年十一月三日付「大友義長判草野太郎知行目録」(『久留米市史』第七巻資料編古代・中世所収「草野文書」二十八号文書)に「一所山本郡幷庄一円」などが大友氏から知行を認められている。また、「天正三年家久公上京日記抄録」(『久留米市史』第七巻資料編古代・中世所収)から、筑後川の渡河地点である神代の渡しで草野氏が渡し賃を取っていたことが分かっている。草野氏は山本郡及び、筑後川右岸の御井郡(河北郡)にあった北野庄にも多くの所領を維持していた。

(7)「『鎮西本山歴代誌』抄」(『久留米市史』第七巻資料編古代・中世所収)の第十三世信誉上人代の記事として「此代永正年中山門建立三間七間半、草野長門守施主也、同時善導堂再建」とある。

(8) 川添昭二・福岡古文書を読む会校訂『博多・筑前史料　豊前覚書』文献出版、一九八〇所収「道雪様紹軍《運》様敵地ヲ御切通黒木高良山御陣被成候次第」

(9) 久留米市山本町豊田の放光寺地区であり、柳坂地区ではない。放光寺跡には墓塔などがあり、現在も善導寺によって供養などが行われている。

(10)『寛延記　久留米藩庄屋書上』久留米史料叢書三、久留米郷土研究会、一九七六

(11)「『鎮西本山歴代誌』抄」(『久留米市史』第七巻資料編古代・中世所収)

(12)善導寺町木塚地区に「中島」という地区があると地元の方から教示を受けた。

(13)九州歴史資料館編『筑後大本山善導寺歴史資料調査目録』(一九八一)に文書目録が収録されているが、近世初期以降の文書のみが目録化されている。また中世に造立された墓碑・石塔類もほとんど見られない。現墓地の地下で五輪塔残欠が多く発見されたことがあるため、近世の復興の際に整理された可能性がある。善導寺に残る中世の石造物は文永四(一二六七)年、建治三(一二七七)年、正安三(一三〇一)年の年紀を持つ草野氏関係の石塔地輪のみである(註5参照)。

(14)寛文十(一六七〇)年の『久留米藩寺院開基』の善導寺の書上によれば、善導寺の末寺として筑後国久留米領・柳川領を合わせて四十七か寺をあげている。このうち退転寺院(廃寺)は九か寺とされている。肥後国は四十九か寺、肥前国は十二か寺、筑前国五か寺、豊後国二か寺、豊前国一か寺である。遠隔地では武蔵国・伊勢国に一か寺ずつである。筑後国と肥後国に末寺が多いが、これは両国が善導寺を本山とする鎮西派の拠点であったことを反映するものである。また、久留米領での退転寺院が九か寺あるのは、善導寺の近世初期の混乱に関係があると考えているが、これは別の課題としておく。また、江戸前期には善導寺の塔頭は十五院となっており(『寺院開基』)、三十六院は信が置けないが、いずれにしても大幅な減となったのであろう。

(15)この視点は註1の善導寺発行の『大本山善導寺誌』や丸山千秋『善導寺物語』(一九八一)にも引き継がれている。

(16)註11と同じ

(17)三尊像とは、善導寺の重要な施設の一つである三祖堂(かつては御影堂・開山堂と呼ばれていた)に祀られている木造善導大師坐像、木造鎮西上人(大紹正宗国師、聖光上人)坐像、法然上人坐像の三像をいう。前二者は国の

重要文化財であり、鎌倉時代後期の造立である。法然像は天正十九（一五九一）年の造立である（『筑後大本山善導寺歴史資料調査目録』彫刻部）。中国浄土宗の大成者善導大師、わが国の浄土宗の開祖である法然上人、その法然の教えを継いだ第二祖とされる聖光上人は、善導寺では法統を表すものとして重要な位置を占めている。法然上人像は天正十九年に造立されており、焼き討ちにより被害を受け再興された可能性がある。

（18）註1文献には「寺僧達は善導大師や開山国師の尊像を奉じて、筑後川を渡って避難しました。追及きびしく、一時尊像を放棄して四散しましたが、乱修まるに及び、仮堂を建て、尊像を安置し、称名念仏の声が響いたので、今日に至るまで『念仏田』という地名となって残」るとある。図一にあるように筑後川を挟んで、善導寺の対岸に当たる地点である。

（19）「聖光上人伝」（阿川文正『聖光上人伝と「末代念仏授手印」』（善導寺、二〇〇二）には、聖光上人が遷化時に、善導堂の釈迦像が光を放ち、我が身を照らすと述べ、また、草野の郎党源次郎、日田の地頭沙弥《しゃみ》綽阿《しゃくあ》の子が筑後善導寺の上に瑞雲を見たなど、臨終時の種々の奇瑞が記録されている。

（20）註18で紹介した内容が実態を示すものと考えているが、善導寺側の文献では新田掃部允について触れるものはないようだ。

（21）同書は「篠山神社文庫」に所蔵されている史料（『福岡県古文書等緊急調査報告書　久留米市・三潴郡』福岡県文化会館、一九七九、文書番号三七八）である。巻末には「安永戊戌中秋十九少冥　久徳淡居記」との追記があり、安永七（一七七八）年頃までには成立していたものである。著者は久徳重恭（淡居）と考えているが、書名として『米藩秘鑑』『筑陽地鑑』ともある。写本が数本があるようだ。「米藩先哲遺著目録」（『久留米市誌』下編、一九三二）には『米藩秘鑑』として紹介されている。

（22）矢野一貞『筑後将士軍談』巻三十、系譜小伝第二（『校訂筑後国史　筑後将士軍談』中巻、筑後遺籍刊行会、一九二七。名著出版、一九七二復刻）

（23）『関ケ原記大全』巻二十八（久留米市蔵、三浦家文書）。同書では新田掃部は平右衛門ともいい、慶長六（一六〇一）年に八院合戦で戦死している。善良は善導寺で剃髪していたが、後に還俗し、肥後国の隈部但馬守を頼み、大友義統に仕えた。その後大友家を去って肥後に帰り、隈部親永《ちかなが》の二男政利が有動帯刀《たてわき》の養子になったため、それに仕えた。天正十六（一五八八）年に豊臣秀吉より有動父子の誅殺を命じられた立花宗茂によって柳川城の二の丸で、有動主従とともに誅殺されている。この戦闘に兄掃部允は討手側として加わっている。岡茂政「柳川の新田氏の遺裔に就て」（柳川郷土研究会編『柳川史話（全）』青潮社、一九八四）にも新田掃部允・善良についての記述がある。

(24) 杉山正仲・小川正格『校訂筑後志』本荘知新堂、一九〇七（久留米郷土研究会、一九七四復刻）

(25)『筑後将士軍談』巻十五「黒木落城付所々軍之事」

(26)「草野氏系図」（『久留米市史』第七巻資料編古代・中世所収）によれば、この争いの時期の草野家は鑑員（中務太輔）―家清（右衛門督）となっている。当時の当主は草野家清である。矢野は『戸次軍談』によって戦ったのは草野長門守重永としている。『北肥戦誌』では鑑員となっている。重永ではなく、鑑員とすべきだろう。

(27)『九州戦国誌　戸次軍談』巻四、歴史図書社、一九七八

(28) 註23に引用される「筑前雷山文書」には次のようにある。

　　去月十九日、以道雪同心淩敵中、黒木着陣已来、於在々所々軍労、殊分捕高名之由、忠儀無比類候條、染筆候、弥可励馳走事専位置候、恐々謹言

　　　九月十一日　義統判

　　　　是松中務殿

この史料から黒木着陣は八月十九日であったことが知れる。

(29) 伊藤常足編『太宰管内志（筑後志）』（りーぶる出版企画、一九七七）の下妻郡建仁寺条に道雪・紹運の下記の制札が収録されている。黒木攻めが終わった後、九月八日頃、下妻郡方面に道雪たちが転戦していたことが分かる。また、註22『筑後将士軍談』にも収録されているが、両者の記述に若干の違いがある。「禅院山」は『筑後将士軍談』により追加。さらに『太宰管内志』では「若於違犯之族者」とするが、『筑後将士軍談』では「若於違犯者」

とする。この史料から九月八日頃下妻郡にいたことが確かめられる。

禁制　（禅院山）

右軍勢甲乙濫妨狼藉竹木採用之事、堅令停止畢、若於違犯（之族）者可処厳科者也、仍、執達如件

天正十二甲申年九月八日

主膳入道紹運判

丹後入道道雪判

（30）註24による。筑後市教育委員会・筑後郷土史研究会編『筑後市神社仏閣調査書第四集　坂東寺篇』（一九七四）では天正十二（一五八四）年に坂東寺は焼き討ちを受け、桓武天皇の綸旨・縁起などを失い、住持信能も捕らえられ西牟田の流村で殺害されたという。また、『久留米藩寺院開基』坂東寺条では「天正十一年豊後戸次道雪・高橋紹運起兵、当寺本坊数日致在陣、堂社・坊舎不残焼払候、（中略）道雪当寺焼払、剰捕住持信能、西牟田依田ニテ殺害候」とある。善導寺と同様な焼き討ちが行われている。なお、この事件は『寺院開基』では天正十一年とされているが、『坂東寺篇』のように十二年とすべきである。

（31）『北肥戦誌』巻二十九（青潮社、一九九五）「大友勢筑後乱入所々軍の事」では草野攻めは十月十日とする。『戸次軍談』（註27）では十月十四日とする。後者を採った。

（32）『北肥戦誌』（註31）、『戸次軍談』（註27）による。

（33）『筑後将士軍談』巻三十、系譜小伝第二「立花家臣系譜」。由布の戦死は十月四日となっているが、これが事実なら草野攻めは十月四日の可能性が高い。

（34）網野善彦『無縁・公界・楽』平凡社選書58、一九七八

（35）註22と同じ

（36）註2と同じ

（37）『筑後将士軍談』巻十六「宝満城合戦付高橋筑紫和平之事」。村井章介『分裂から天下統一へ』（シリーズ日本中世史4、岩波新書、二〇一六）に引用されている。

（38）公益財団法人文化財建造物保存技術協会編『重要文化財善導寺大庫裏他六棟（広間・書院・役寮及び対面所・中蔵）保存修理工事報告書』第七節「埋蔵文化財の調査」、善導寺、二〇一三

（39）図五を見ると、善導寺は周囲を濠で囲まれていることが確認できる。この濠がどの時期までさかのぼるのかは不明である。近世になって田中吉政代に寺域が定まり、田中忠政代に寺領が確定するので、領域を示すために開削された可能性もあるが、中世末の開削であれば、これも防衛のための濠と考えられる。江戸期の享保二（一七一七）年に久留米藩から広げた濠を埋めるように命じられており（『藩法集十一　久留米藩』創文社、一九七三）、それ以前にさかのぼることは確実であるが、発掘調査で確認した大溝との前後関係や機能の違いなどは今後の課題である。今回確認された大溝は、その内側のものである。

（40）『福岡県の中近世城館跡Ⅳ　筑後地域・総括編』（福岡県文化財調査報告書第二六〇集、福岡県教育委員会、二〇一七）。掲出した山城は高良山の主要な山城であり、すべてが戦国時代の山城と考えているわけではない。

（41）倉富了一『高良山物語』一九三四（りーぶる出版企画、一九七八復刻）

（42）文禄二（一五九三）年に高良山座主・大宮司・大祝から毛利家家老宛に出された「高良社神職名知行数之事」（『久留米市史』第七巻資料編古代・中世所収）に筑後国御井郡五二一町、御原郡六町、山本郡十二町、三潴郡一八五町、上妻郡一一六町、肥前国養父郡二七七町とあり、筑後北半と肥前養父郡に社領を有していた。この領地を保全していくためには武力が必要であり、註41で触れるような家臣がそれを支えていた。また、大友氏などの上位権力に依存することによって維持されていたのである。善導寺も寺領を守るために「悪僧」に代表される武力が必要であったと考えている。

（43）註4と同じ

第五章

尼御前社と御供納

はじめに

久留米市指定無形民俗文化財である「御供納《ごくおさめ》」を説明する前に尼御前社《あまごぜしゃ》（後の水天宮）について触れる。御供納は水神を祀る祭礼であるが、尼御前社も水神を祀るものであり、御供納を理解するために必要な知識と考えるからである。

尼御前社について

左の史料は寛文十（一六七〇）年の尼御前社の藩寺社奉行への書上である。(1) 読み下しで紹介する。

史料一『寛文十年社方開基』　寛文十（一六七〇）年

今度、九ケ條の御書出に就き、書付差し上げ申す覚

一、当社尼御前大明神、千年川の水神にて御座候、左に荒五郎大明神、右に安坊大明神、同殿に三社御座候、古の宮地は京隈梅林寺山に社御座候、山の下に御池御座候、何の代より開元建立御座候哉伝え承け奉らず候、然処、慶安三年庚寅九月、忠頼様え言上仕り、瀬之下宮屋敷拝領致し、社再興仕り候事

一、当社古の社領の儀、其時分の領主小早川秀包より御井郡小森野村にて畠二反社領御付けなされ候、家老三人の判形書出今に御座候、秀包落居の砌、小森野村庄屋より社領取り上げ申し候
一、当社祭礼霜月十五日にて御座候、古は白米壱斗弐升の御供回櫃に封じ込め、御三寸掛りの魚相添え、御池に納む、久留米隣郷の氏子風流躍仕り、御神事相勤め申し候、唯今は其規式も御座なく候、私手前より神前の御物備え申し候、又、秋中頃、隣郷より大明神え供物を備え、駄祭只今に至る迄仕り来り候事
一、当社神殿萱葺壱間半八尺、拝殿瓦葺二間四面、本地観音堂瓦葺壱丈四面、此外、末社御座なく候
一、当社三社の神体木像にて御座候、神殿の内ほこら三御座候、十一面観音高弐尺五寸木体新仏にて御座候、是又堂の内に御座候
一、当社の本社、末社他領に御座なく候様に承り伝え申し候事
一、当社に縁起・記録・宝物御座なく候事
一、私義吉田派、無位にて御座候事
右の条々、少しも相違の義申しあげず候、以上
新町壱丁目社人
寛文十年戊九月晦日
忠左衛門
稲次八兵衛様

寛文十年に尼御前社の歴史などについて藩に報告したものである。宛先にある稲次八兵衛は久留米藩最

初の寺社奉行である。

第一条は注目される記事である。尼御前大明神は千年川《ちとせ》（筑後川）の水神であると述べている。現在、この神社は水天宮と呼ばれているが、江戸初期には尼御前社と呼ばれ、祭神は尼御前大明神、左に荒五郎大明神、右に安坊大明神の三体であった。元の社地（境内）は梅林寺山に鎮座しており、山の麓に池があった。いつの時代からこの地に社があったのか不明である。慶安三（一六五〇）年に久留米藩二代忠頼より瀬下《せのした》の現境内地を拝領し、社《やしろ》を再興したとある。元和七（一六二一）年、梅林寺山に有馬家の菩提寺である梅林寺が創建されると、尼御前社はこの地からの移転を迫られたと考えている。久留米城下町の新町（現日吉町）に水天宮跡と伝える所があり、これが梅林寺山から瀬下に移転するまでの間の社地と想定される。所在時期はおおよそ元和七年から慶安三年までであろう。この書上を行った社人は新町一丁目居住の忠左衛門であることからも、その可能性が高い。

第二条は社領のことである。天正十五（一五八七）年に久留米城に入城した小早川秀包《ひでかね》から小森野村に二反の畠が与えられ、それを証明する小早川家の三家老からの文書を今も所持していると述べる。畠は後に取り上げられてしまったとある。

第三条は祭礼の記事である。霜月（十一月）十五日に行われた。古《いにしえ》は白米一斗二升を御供回櫃に入れ、それに三寸（約一〇㎝）ぐらいの魚を添えて池に納めた。この池は梅林寺山の麓にあった池のことである。この祭礼の時には久留米隣郷の氏子が風流躍《ふりゅうおどり》を行い、神事を勤めた。今はその儀式（規式）もなくなったと述べる。この祭事の内容は後に触れる御供納を考える材料となる。

第四条は神殿、拝殿の規模と本地である十一面観音堂について触れる。尼御前社は神仏習合の神社であった。

第五条は、神殿の中には三体の大明神を祀る祠《ほこら》が三つあり、十一面観音は高さ二尺五寸の木像仏であったと述べる。六・七・八条は省略する。

「尼御前」とは水天宮に群れ集う巫女《みこ》の総称であって、その由来は彼女たちが尼形の瞽女《ごぜ》（盲目の女性芸能者）であったためとされている。(2) この説については筆者も同意見である。

尼御前社は江戸時代前期に現在地に鎮座するまで、肥前国下野（現佐賀県鳥栖市）、筑後国御井郡小森野、三潴《みずま》郡梅林寺山などに社地を移転させたと伝える。梅林寺山とは、元和七年に創建された有馬家の菩提寺である瑞巌寺（後に梅林寺となる）が鎮座する山である。これらの三社地は筑後川が筑紫平野を東西方向に流れ下り、中流域で流路を南北方向に転回する地点に位置する。この社地の移動は、この地区一帯が尼御前社の活動基盤であったことを示すとともに、筑後川は一夜川と呼ばれる荒川であり、激しい流路の変化に伴うものでないかと考えている。

慶長九（一六〇四）年に田中吉政により、肥前側に大きく蛇行していた筑後川は直流化されるが、(3) それによって長門石《ながといし》地区は久留米側から分離されることになる。この直流化された起点に、筑後川沿いの丘陵（岩山）である梅林寺山が立地していた。この山の麓には筑後川が形成した湿地があり、その中に池があったのであろう。

また、この地点から北方に中世久留米の中心であった久留米城がある。さらに南には筑後川の川港であった洗切《あらいきり》があり、この地区は中世後期の久留米の一角を占めていたのである。洗切は久留米町の川港であり、尼御前社がこの地に近接して鎮座していたのである。この地は川を生活の舞台とする人々が集まる都

巨勢川（久留米市大橋町）。奥に耳納連山が見える

市的な性格を持っており、筑後川の水神を祀る宗教活動の基盤であったといえる。

付言すれば、長門石の地名は長門国の船がやってきたことに由来するといい、久留米市の指定文化財である長門石と呼ばれる碇石《いかりいし》が残っている。(4)これも筑後川中流域の河川交通の盛行を物語るものであろう。

史料二　真辺仲庵『北筑雑藁』(5)　延宝三（一六七五）年

○瀬下ニ一神祠有リ、人ハ尼御前社ト称ス。之ヲ問ヘバ即チ言フ、水神ニシテ能ク水災ヲ除ク者ナリト。又曰ク、此河ノ上流ノ一派ニシテ、此ヲ去ルコト四里バカリ、九十瀬川ト名ヅクルモノアリ。九十瀬ハ土俗読ンデ巨瀬ト曰フ其水中ニ神有リ、九十瀬入道ト号ズ。尼御前ト匹配タリ。時々此川ニ会ス。風雨暴発シ、水面湁濮スルハ乃チ其候ナリ。是時ニ当リ、人ノ掲厲游泳スル者ハ、尤モ溺死シ易シ。但シ銭銀ヲ献ジ、以テ巫人ノ呪符ヲ求メテ之ヲ身ニ佩ブルモノハ、必ズ其害ヲ免ルト。

史料一から五年後、延宝三（一六七五）年の記録である。瀬下に神の祠があり、この神は何かと問うと、次のように答えた。水神であり水災を除くものである。この川（筑後川）の上流に仲間がおり、四里（一六km）ほど離れた所に九十瀬川（巨勢《こせ》川）と呼ばれる川がある。その川には九十瀬入道がおり、尼御前と匹配《ひっぱい》（つれあい、夫婦）である。時々二人が川で会うと、水面は溢れ、たけ狂うようになる。この時、河川を押し渡る（掲厲《けいれい》）ものや遊泳するものは溺死しやすい。ただ、銀銭を献じて巫人（尼御前）の呪符を求め、身につけているものは、その害から逃れることができる。

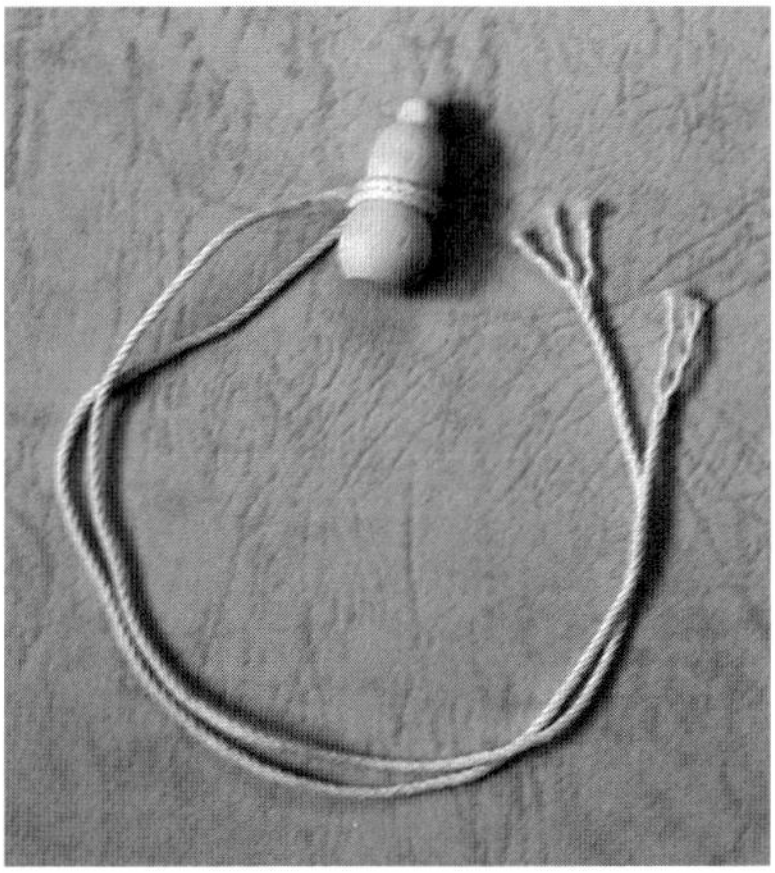

左：水天宮の御守。木製の瓢箪の中に「いつもじ」の護符が収められている
右：「いつもじ」の模写（上は下野水天宮、下は瀬下水天宮のもの。坂田健一「水天宮の『いつもじ』」〔『郷土久留米』第49号、久留米郷土研究会、1988より）

この史料で注意されるのは、巨勢入道の伝承が出てくることである。巨勢入道は筑後川の瀬下の水神と夫婦であると述べている。巨勢川は筑後川の支流であり、筑後川を舞台として同じ水神信仰が広がっていたことを示す。この合流地点には巨勢入道を祀る庄前《しょうのまえ》神社がある。[6] また、尼御前社の巫人たちは呪符を授けることで金銭を得ていたが、この呪符は木で出来た小さな瓢箪の中に入れられ、呪符には五つの梵字が印刷されており、梵字が崩れて五つの文字となったため「いつもじ（五文字）」と呼ばれている。久留米地方では子供の時、首にこの瓢箪をつけておれば、水難から逃れられるという信仰が定着していた。

なお、史料二の中の「湁潗」は、水を拾い、集めるという意味を持つ字である。水を拾い集める状態、溢れる様を表現するものと理解している。

史料三 杉山正仲・小川正格『筑後志』(7) 安永六(一七七七)年

尼御前社 (○現今、水天宮と称す)府下瀬下に在り。社伝によれば当社故と江南山梅林寺の山上に在りて、山下に神池ありしが、慶安三年今の地に移し、小早川秀包、畠二反を附せしも、今廃せり。祭る所の神三座、中は二位ノ尼安徳帝を抱くの像、一体は女院の像、一体は平知盛戎衣を被、矢を持するの像なり。筑後川の水神にして、河海を渡る者無難を祈るに、必ず応あり。又水虎《かっぱ》を伏するに奇験あり。其神徳、遠境四方に聞え、船吏殊に渇仰す。毎歳四月五日河祭あり、又十一月十五日、祭礼を行ひ、神輿を船に遷して、州内榎津に到る。海船の水客等群聚して、幣物を捧げ海上の安寧を祈る。

史料三は先の史料一・二からおよそ百年後の記録である。先に紹介してきた史料とかなり違いが見られる。最初の二行は史料一で確認した内容と変わらない。変わってくるのは三行目からである。この史料三では、祭神三座は「二位の尼安徳帝を抱くの像、一体は女院の像、一体は平知盛戎衣《じゅうい》を被、矢を持するの像」となっている。史料一で見た「尼御前大明神、左に荒五郎大明神、右に安坊大明神」と違い、祭神が変わっているのである。後で詳しく触れることにしたい。

四行目からは筑後川の水神の神格が変化していくことが記録されている。この神は川だけでなく、海を渡るものの無難を祈れば必ず応報があり、船運に関わる人々の信仰を受けるようになったとある。また、水虎（河童）から身を守ることができるとあり、水神が河童に変質しているようだ。この尼御前社の神徳は遠方に広がり、各地の船吏（海上運送に携わる人々）から渇仰《かつごう》（深く信仰すること）されていると記す。祭礼は四月五日と十一月十五日に行われるが、神輿《みこし》を船に遷し、筑後川を大川の榎津《えのきづ》まで御神幸を行う。各地から船で参詣者がやってきて、幣物《へいもつ》を捧げ、海上の安全を祈願するとある。この内容からすれば、この神社への信仰は河川交通のみならず海上交通の安全を祈る神へと成長していることが分かる。もちろん、筑後川の水神信仰は維持されているが、人々が尼御前社へ期待するものが変化していることを記録したものとなっている。

この変化の背景として、次のようなことが考えられる。水天宮（尼御前社）が鎮座する瀬下は久留米城下の唯一の川港であり、この港に久留米領の物資が集められ、また領外の物資がここから移入されたのである。さらに、この港には大型の外洋帆船は入港できず、筑後川下流の榎津の右馬丞《うまのじよう》で外洋帆船に移出品を載せ替え、大阪方面をはじめとする西日本各地に運ばれていた。瀬下と榎津は一体となった筑後川の港であったため、御神幸も榎津に行幸したのである。西日本各地から来る船頭・水夫にとって、徐々にこの神は海上の安全を祈る航海神としての神格を持つようになったのである。十八世紀後半に見られる祭神の変化は、本来の筑後川の水神信仰であったものから、この尼御前社の信仰が海運を通じて各地に広がり、筑後の在地神から全国的な神へと成長していった姿を示すものだろう。

史料一では、尼御前社の祭神は、尼御前たちを神格化させた尼御前大明神と荒五郎大明神と安坊大明神であった。荒五郎は荒御霊《あらごりよう》であり荒ぶる神、安坊大明神は安らかにする神で、それらが組み合った在地性が強い神であったが、いずれも古くからの筑後川の水神信仰を表す神体であった。

平知盛の墓（久留米市田主丸町中尾）

しかし、史料三では祭神が変わっている。悲劇的な出来事であった壇ノ浦での平家の滅亡はよく知られているが、この史実に基づき、尼御前社で語られてきた平家伝説を明確に神体で示すことを行ったようである。二位の尼安徳帝を抱く像とは平清盛の妻（時子）が孫の安徳天皇を抱く像、一体の女院の像とは安徳天皇の母である建礼門院（平徳子）の像、残る一体は安徳天皇一行を守り筑後に導いてきた平知盛が鎧を着て弓矢を持つ像である。祭神を歴史的な人物に変えることで地域神から全国神への転換を図ったものであろう。尼御前社から水天宮への名称変更がいつからなのか明確にし切れていないが、この祭神の改変が行われた時期とあまり変わらない頃であったと推測している。

このように水天宮の神格は、中世以来の筑後川の水神としての性格を維持しつつも、大きく変容しており、中世の尼御前社の信仰とは大きく違ったものとなっている。この事実から、尼御前社の筑後川の水神を祀る活動は、中世に作り上げられたであろう筑後各地に残る平家伝説と尼御前社との関係を明らかにすることで、その実相に迫ることができると思う。

筑後地方の平家伝説

久留米地方では、安徳天皇は壇ノ浦で入水せず、新中納言知盛が伊賀平内左衛門家長、弥平兵衛宗清、二位の尼時子、按察使局《あぜちのつぼね》千代の四人が安徳天皇を奉じて、最初豊後に上がり、それより草野を経由して先の庄前神社付近から船に乗って宮ノ陣に着き、地元篠山の地頭松田某に迎えられてこの地で世を忍ばれることになったという。この安徳天皇に仕えていた按察使局千代は安徳天皇崩御後、その霊を尼御前社（水天宮）に祀ったとされている。[8]

水天宮（久留米市瀬下町）

水天宮は鳥栖市下野、久留米市小森野、梅林寺山山頂などを旧地と伝えているが、現在地に定着したのは慶安三（一六五〇）年のことであった。尼御前社と平家伝説はその当初から密接なのである。山中耕作氏は、尼御前たちは筑後川を上がり下りしながら、川沿いの川祭りを行い、水難除けの祈禱、雨ごいの祈禱を勧め、「いつもじ（五文字）」の護符を売りさばいていたとされる。[9] また、尼御前（瞽女）として芸を披露した彼女らは、その場で彼女らが斎《いつき》まつった水神――平家一門の哀史を語

表一　筑後地方の平家伝説一覧

	旧郡名	名称	所在地	伝説の内容	出典
1	上妻郡	築地御前	八女市黒木町本分	待宵の小侍従伝説	①
2		平村	八女市平	平知盛の子の子孫と伝える	④
3		平家塚・赤井手	筑後市山ノ井秋松	平家残党で追討されたものの墓。平家落人の血が流れたため赤井手という	②
4	下妻郡	市の塚	筑後市尾島	平家落人の塚	②
5		宗清寺宗清塚	筑後市鶴田	宗清は平頼盛の乳母	
6	生葉郡	高西郷水天宮	うきは市浮羽町妹川樫平	水徳天皇の天牌	
7		六谷水分神社	うきは市浮羽町浮羽	平清盛を祀る	①
8		御前塚・平家塚	うきは市妹川元有	二位尼の墓・侍従の地名	①
9		尼長者の館・百堂塚	うきは市浮羽町東隈上	虎御前の建立	②
10		有王淵	うきは市山春	有王は俊寛の侍童	②
11		待宵小侍従の面	うきは市延寿寺	熊野神社蔵	
12		平家城	うきは市浮羽町妹川		
13		甲石	うきは市浮羽町小塩	平家の党類が甲を隠した所	①
14	竹野郡	平重盛の墓	久留米市田主丸町柴刈		①
15		平知盛の墓	久留米市田主丸町平		①
16		平家城	久留米市田主丸町殖木		①
17		平家城	久留米市田主丸町森部		①
18		平家城	久留米市田主丸町松門寺		①
19		平家城	久留米市田主丸町吉田		

20	竹野郡	平家城	久留米市田主丸町益生田		①
21		荒五郎	久留米市田主丸町豊城	神体樟	①
22	山本郡	庄前神社	久留米市大橋町常持	巨勢入道（清盛）を祀る	②
23		荒五郎大明神	久留米市大橋町蜷川	荒五郎大明神を祀る	③
24	御原郡	黒岩稲荷	小郡市三沢西島	二位尼が勧請、平家一門の慈禅尼が祀ったともある	
25	御井郡	十三塚	久留米市国分町	平家落人の塚	⑦
26		二位尼の墓	久留米市小森野町		⑦
27	三潴郡	安徳天皇陵	久留米市京町日輪寺	はじめ篠山にあった	⑦
28		水天宮	久留米市瀬下町	尼御前大明神・安坊大明神・荒五郎大明神を祀る	③
29		千代松明神	久留米市瀬下町水天宮境内	潜幸後の安徳天皇に仕えた千代尼を祀る	
30		千代尼の墓	久留米市洗町アサヒコーポレーション敷地内		
31		長門石	久留米市長門石町	二位尼の霊が長門国から石を袖にして持ってきたので地名となる	②
32		大石大明神	久留米市大石町	二位尼の霊が小石を持ってきて捨てた石が大石となる	②
33		朝日寺	久留米市大善寺町夜明	神子栄尊建立。栄尊は平康頼と安徳天皇の皇子ともいう	②
34		名剣大明神	久留米市荒木町白口	内侍所を祀る	⑦
35	山門郡	七霊社	みやま市山川町甲田	平家の七上臈を祀る。要川で戦死した落人を祀る平家塚もある	⑥
36		六騎・水天宮	柳川市沖端町	平家落人が土着	⑤

参考文献：①『寛延記』、②『筑後秘鑑』、③『寛文十年社方開基』、④『稿本八女郡史』、⑤『三潴・柳河めぐり』、⑥『柳川藩史料』、⑦山中耕作「筑後路の平家伝説」

り、その祭場の名残が筑後一円に残る平家伝説地であるとされている。

表一は山中耕作氏が作成された表を参考にして作成したものである。山中氏は、待宵《まつよい》の小侍従《こじじゅう》伝説に基づく伝承（表一の1・11）と虎御前の伝承（同9）は、前者が高野山の講之坊の唱導者たちによるものであり、後者は高良山に拠る百塔《ももとう》たちの活動によるものとされている。[10]

百塔とは蟬丸《せみまる》伝説に基づくものである。蟬丸は宇多天皇の皇子敦実《あつみ》親王の雑色《ぞうしき》、醍醐天皇の皇子とも伝える。和歌・琵琶を良くした盲目の歌人であった。その蟬丸の流れを汲む盲僧が京都から高良山に流れ着いて『平家物語』を語り、高良山は琵琶法師の拠点となった。また、伝説では、蟬丸を慕い流れてきた女性が遊女として身を沈めたのが、府中（現御井町）の百塔といわれる所であるとされている。琵琶法師と百塔たちは活動の場をともにしていたのである。琵琶法師は正統の『平家物語』を語り、百塔たちは琵琶法師の管理下にあって地方版の『平家物語』を語り、下級の巫女としての性格を持っていたとされる。

表一の9には「尼長者の館・百堂塚」とある。『寛延記』東隈上村条には百堂塚について「昔大磯ノ虎、日本国中ニ堂数百立候由、其内ニ而御座候」とある。尼長者とは大磯の虎女（虎御前）のことであり、虎女とは遊女とされている。この百堂塚は高良山の百塔と全く同じ性格を持つものであり、この伝承自体が『平家物語』との関係が深いことが推測されるのである。

以上のことから、山中氏は、待宵の小侍従伝説と虎御前の伝承は高良山に拠った唱道者たちによるものと理解されているのである。今回はこの二者を表に加えているが、水神信仰という側面から離れる存在と考えており、詳細な検討は行っていない。その他の変更点として、調査で確認できた例を追加したことと、地名を現在の行政地名に改めたことなどがあげられる。具体的に旧郡単位でその伝説を検討していく。

旧上妻郡・下妻郡及び旧山門《やまと》郡の伝説は筑後国から肥後国につながる官道[11]に沿った地区のものである。上妻郡の平家塚（同3）、下妻郡の市の塚（同4）、宗清塚（同5）及び山門郡の七霊社（同35）は、いずれも平家の落人が討たれたという伝承であり、それらを逃れた平家一党が隠れ住んだというのが上妻郡平村（同2）、山門郡柳川沖端《おきのはた》の六騎《ろっきゅう》[12]（同36）の伝承である。これらの事件は実際に起きたものではなかったと推測しているが、当時の主要な道路に沿って伝承が残るのは、尼御前たちの活動の痕跡を示すものであろう。

旧生葉《いくは》郡には六か所の伝承地（同6・7・8・10・12・13）がある。注目されるのは高西郷《こせのごう》水天宮（同6）である。高西は「こせ」と呼び、それから九十瀬となり巨勢となったと伝える。九十瀬入道が滝のそばに小社を建て、これが九十瀬水神となり、壇ノ浦の合戦に敗れた平家の落人が移り住み、これを祀ったと伝承されている。また、本来の水天宮はここであったが、久留米の水天宮が瀬下に社地を構える前に、有馬家からこの水天宮は潰されたと地元では伝承されている。巨勢川という川名と九十瀬入道（巨勢入道）が確認できることは注目される。

市の塚（筑後市尾島）

前節の史料二で九十瀬入道と尼御前は夫婦であるとされていたが、この伝承の成立に高西郷水天宮の存在が大きく関わっているのであろう。

生葉郡の平家伝説の多くは、この巨勢川の存在から考えていいのではないだろうか。また、有王淵の伝承（同10）は、平家打倒を企て鬼界ヶ島に流された俊寛の侍童であった有王に因むものであるが、『平家物語』の著名な段が語られ、それが定着したのであろう。これは尼御前たちの語りであったと考えているが、語りの内容が知られることは注目される。

旧竹野郡の場合、平重盛・知盛の墓と平家城の伝承が目立つ。重盛も知盛も『平家物語』ではエピソードが多い平家の公達であり、彼らの悲劇が多く語られたのであろう。それに関係して、彼らが籠もって戦った城の伝承が作り上げられたと考えているが、この伝承地は唱導者の活躍の痕跡を示すものであろう。

ただし、これらの伝承は筑後川との関係は希薄で、耳納山麓を走る山辺道との関係を想定するべきと思う。

これらも上妻郡方面の陸の道と同様の性格を持つものであろう。

旧山本郡常持の庄前神社は祭神が巨勢入道（平清盛）とされている。巨勢川が筑後川に合流する地点にある。平家伝説を考える際に重要な神社である。この神社の上流の蜷川には中世末に「蜷川村内町別当福島屋庄左衛門」(13)が確認できる。蜷川村内の巨勢川沿いに町があり、そこに町別当がいたことが知られる。その隣接地にある庄前神社が筑後川の水神として祀られているのは、水運と密接な関係を持つとともに、唱導者たちがそのような町的な場に蝟集し、活動を行ったためであろう。

また、巨勢川の水神である巨勢入道を祀る宗教者の活動と、筑後川の水神である尼御前大明神を祀る宗教者の活動がある時期競合し、統合された姿を反映するものが、尼御前と巨勢入道を匹配とする伝承では

この町は巨勢川を舞台とした舟運の拠点であったと考えている。

なかろうか。筑後川の水神が一つにまとめられたことになろう。高西の水天宮が潰されたという地元の伝

承は、その歴史を反映しているのかもしれない。
旧三潴郡は尼御前社（後の水天宮）の基盤ともいえる地区であった。尼御前社（同28）、安徳天皇陵（日輪寺古墳、同27）、千代尼の墓（同30）などが集中する地区である。これらの伝承地の存在は、古くからの筑後川の水神を祀っていた尼御前たちによって成立したものであるが、このように筑後川の水神が平家滅亡の歴史と深く関わるのは、次のような歴史的な由縁があったためと考えられる。

庄前神社（久留米市大橋町常持）

筑後は平家の荘園が多く、平家に同情的な土地柄を素地にして、中世高良山に拠った唱導者（琵琶法師・尼御前）たちが古代以来の水神信仰と『平家物語』を巧みに習合した結果だとされている。先に「五文字」について触れたが、これは「五大明王」の種子（梵字）をかたどっていることから、真言密教の流れを汲むものであり、彼女らが本宗としたのは真言密教の霊場である高良山であったとされている。[14] さらに大善寺夜明の朝日寺の開山である神子栄尊《しんしえいそん》は、鬼界ヶ島に流罪されて後に許された平康頼の子とも、安徳天皇の子ともされ、平家伝説との関係が深い寺院である。これも高良山との関係が深い。

十二世紀第4四半期に全国を覆った源平による内乱は、「十二世紀初頭に明らかになった中世社会への移行、そして保元の乱を画期とする『武者ノ世』の始まり以来、社会のあらゆる面に鬱積した巨大な矛盾の爆発であった」とされる。(15)筑後でも大きな混乱を生み出したと想像される。手がかりの一つとして、文治二（一一八六）年に草野永平は源頼朝の推挙で筑後国在国司・押領使両職が認められるが、(16)これは筑後国での源平の争乱の中で、草野永平が源氏方として戦ったことへの源頼朝からの給恩であったと思う。

具体的な戦争の姿は不明であるが、草野永平は「元暦の比、平家の責を請るといへとも、大悲の加護によって怨敵を退る事、縁起に委しく」(17)とあり、平家と戦ったことが記されている。また、縁起とは『観興寺縁起』のことである。縁起には草野氏が耳納山に籠もり、山麓で赤旗党（平家）と戦う様子が描かれているが、これはその戦争の様相を描いたものと考えている（本書第二章参照）。

大分県中津市耶馬溪町宮園にある雲《くも》八幡宮に「筑後楽由来」(18)いう祭文が伝わる。この祭文に、壇ノ浦で平家の人々は海中に入水されたが、残りたる一門は九州に上がり、筑後国高良山に取り籠もられ、管弦をなしたまうところに、源氏の蒲冠者範頼《かばのかじゃのりより》の侍大将下河辺《しもこうべ》庄司行平《ゆきひら》、渋谷庄司重国というものが、多くの牛を集め、その角に松明を付けて攻め上がれば、平家の人々肝を潰し、みな山下に落ち行き、筑後川の深い所に一人も残らず沈み給い、その人々は河童となったとある。この「筑後楽由来」を事実とすることには慎重であるべきだが、伝承にいくらかの事実を含むとすれば、筑後での源平の戦いは熾烈なものであったということができよう。

元暦二（一一八五）年三月の壇ノ浦での平家滅亡後、激しい掃蕩《そうとう》戦と平家側の所領の没収などの平家勢力の除去が行われ、その結果が表一に見られる平家伝説を生み出す基盤になったと考えている。この内乱は人々の記憶に深く刻まれ、鎌倉時代前期に尼御前たちは地域に起きた事件と結びつけて、平家の悲劇を語ることを宗教活動の一部として始めたのであろう。

八丁島の位置について

御供納が行われる八丁島（宮ノ陣町）について、どのような歴史を持つ地区であるか、まず検討したい。八丁島は八町島とも書いた。その初見は、建武元（一三三四）年九月二日付の筑後国目代源某書下に八町島四郎入道道西の名が見える。[19] 当地に所縁がある在地領主であろう。この文書は、国宣によって八町島四郎入道道西を恒用弥五郎入道の所に遣わして召喚したが、弥五郎入道が出頭しないので、問題となっていた山本郷内山渋田畠屋敷について草野孫次郎入道円真に知行を認めたものである。道西は検非違使《けびいし》庁宣・筑後国宣を執行する使節であった。

応安八（一三七五）年正月日、山内通忠《みちただ》は今川貞世《さだよ》に従い豊前・筑前・筑後に転戦するが、応安七年九月には八丁島に滞陣し、十一月十二日には筑後川渡河するとあり、この地は戦略上重要な地点であった。[20] 永正年間（一五〇四—一二）には大友氏から草野長門守に鯵坂《あじさか》庄のうち八町島三十町が付与されており、草野氏がこの地を押さえていた時期があるようだ。[21] 戦国末の天正十四（一五八六）年には島津氏の軍勢によって古賀城・八丁島町が焼失したという。戦国末にはこの地に町屋が存在していたことが確認できる。

注意すべきは、この地に五日市が開かれていたことである。地元の領主であった岩橋氏により市祭りが行われており、岩橋氏は八丁島町別当で座親の地位にあった。[22] 天正七年には鏡山大祝《おおはふり》に三井《みい》郡のうち五ケ日市の三町が大友義統《よしむね》から与えられており、[23] 高良山の支配下にあったが、八町島町には三斎市（月三回の市）が開かれていたことが確認できるのである。[24] この地は大刀洗《たちあらい》川と筑後川が合流する地点付近にあり、筑後川右岸にある三井郡（御井郡）の経済的な中心であったということができる。この町に多くの商人が集まって経済活動が活発に行われており、多くの宗教者もこの地に集まってその活動を行ったのであろう。

御供納について

御供納は現在、毎年十二月十四日午後六時から翌十五日午後に行われる祭礼である。旧暦では十一月十五日の行事であった。村内には天神社三社と池王が祀られ、池王は天神社のうち一社と同殿であり、天神・池王とも木像であった。[25] 祭礼日は十一月二十六日であった。

八丁島の外れに天神池があり、東北の隅に玉太郎、竜宮姫を祭った石祠がある。現在はここで祈念の式典が行われている。池に浮かべた舟に神職・子供が乗り込み、北側の水面から東に向かう。神職は祝詞《のりと》を唱え、緩やかに右まわりに三回まわる。それが終わりに近づくと神職は御供（打蒔《うちまき》の品）を水につけ、ややあって大きな声で「エイッ」という掛け声とともに沈められ、同時に子供たちも甘酒の入った土杯を割って水に投げ込む。ハンギリ（桶）に盛られた笹御供も納められる。この時、対岸から二本の矢を中の島の樟めがけて放ち、御幣《ごへい》も池に納めて御供納の行事が終了する。これは天神池に住む水神に御供を納める行事である。この水神は「池王」と呼ばれていたのであろう。

御供は玄米三升三合をせいろで蒸し、女竹三十三本を組み合わせた竹づとに入れ、紐で括り合わせ、しめを張ったものである。[26] 寛延二（一七四九）年の記録では、享保十七（一七三二）年まで村上四郎右衛門の先祖より、代々御供米三斗三升ずつを神納してきたとある。村上家は千石の知行を持つ久留米藩の武家で、この八丁島村を知行しており、村の祭礼に知行主として関わっていたのであろう[27]。

この行事は史料一で見た、梅林寺山麓の池で十一月十五日に行われていた祭事と、米の量などは違うが、池に御供を納めるという点でほぼ同じ内容を持っている。また、祭日も同日である。

八丁島の御供納（久留米市教育委員会提供）

この祭事が行われる池は天神池と呼ばれているが、江戸中期には「八丁島ノ池、御井郡八丁島に在り、縦三町余、横二十五間[28]」という大きな池で領内ではよく知られ、周辺は湿地帯であったようだ。また、筑後川の支流である大刀洗川が流れる地区に位置する。八丁島の池は次第に埋められ、現在の大きさの池になったのであろう。

尼御前社と同様の祭事が行われているのは、筑後川を舞台として活動していた尼御前たちが大刀洗川をさかのぼり、この地で行っていた水神祭りが、現在まで残ったものと推測している。本社水天宮では失われてしまった祭礼であるが、宮ノ陣町八丁島ではそれが連綿として継続しており、この祭礼は中世までさかのぼるものと考えることができるのである。

現在、この祭礼は、秋の収穫を喜ぶ新嘗《にいなめ》祭の行事と、伝説にまつわる人身《ひとみ》御供《ごくう》から変化した行事としてとらえられているが、池王と呼ばれる水神への祭礼と天神の収穫祭が一体となって行われたのが本来の祭りの姿と考える。

尼御前たちはこのような各地域の水神祭りに関わり、護符を授けながら平家伝説を語る活動を行ったが、それらのほとんどが失われてしまったのであろう。その意味で八丁島の御供納は、筑後川沿いの水神信仰を残すものとして貴重な民俗行事であり、高く評価されるべきものであろう。

十一月十五日は収穫祭の日でもあったが、八丁島ではこの日は月三回の五日市が開かれる日でもあった。多くの参拝客と商人が集い、多くの宗教者も参集したであろう。その中に尼御前もいたであろう。彼女らは、普段は各地の水神祭りなどを行いつつ、八丁島のお祭りにはその雑踏の中で、平家伝説を語り、護符を頒布したのであろう。

しかし、その語りによって、この地に平家伝説を留めることはなかったようだ。筑後地方の多くの地域で平家伝説は語られたであろうが、その地に何らかの所縁がないと定着することはなかったと思われる。八丁島は尼御前の活動が推測できる地点なのであるが、平家伝説が定着しなかった地域の一つであろう。各地に残る平家伝説は、かろうじて残ったものとして考えるべきであろう。

おわりに

尼御前社と八丁島の御供納については祭祀の内容や祭日の一致などから、中世末には筑後川を舞台とした同一の水神信仰の中にあったことを指摘できたと思う。ただ、この信仰が他地区ではほとんど途絶え、この八丁島だけに残ったのはなぜか、疑問は今も残っている。

さらに、平家伝説の広範な分布である。『北筑雑藁』などに触れる筑後川の尼御前大明神と巨勢川の九十瀬入道の説話は、二つの河川に根ざす信仰が合流したことを示すものと考えており、それによって平家伝説が多く残されたのであろう。これは筑後川水系を舞台とする河川交通、水の道による伝播といっていいと思う。

それに対して耳納山地沿いの豊後方面へ向かう山辺道、上妻郡・山門郡方面の肥後・薩摩へ延びる中世の坊津《ぼうのつ》街道沿いの平家伝説を、尼御前たちの活動の痕跡として理解していいのか疑問を持っている。上妻・山門郡方面の伝説は矢部川沿いの尼御前の活動の痕跡であるかもしれないが、これらの伝説には水神信仰が明瞭でない。尼御前たちによって陸の道を介した宗教活動がなされていたのであろうか。『平家物語』を水神信仰に引きつけて語る地域と、落武者などの平家伝説に基づき語る地域があり、尼御前たちの語りの内容の違いが表れていると考えることもできよう。

伝説・伝承も材料として、平家伝説と尼御前の活動の関係を明らかにするとともに、その信仰は筑後川の水神信仰が基底となっていることを示したが、右に述べたような違いが今後の課題として残されることになった。

註

（1）『寛文十年久留米藩社方開基』久留米史料叢書第六集、久留米郷土研究会、一九八一

（2）山中耕作「筑後路の平家伝説」（『筑後地区郷土研究』創刊号、一九六八）

（3）『久留米市史』第二巻第一章第二節、一九八二

（4）伊藤常足編『太宰管内志（筑後志）』（りーぶる出版企画、一九七七）三潴郡取替河条に「長門石と云は古に長門国の舟をつなぎし処なりと云、〔久留米ノ士云〕三潴郡長門石村の内道場と云処に長門岩と称し来たる物あり、切石地上に出る事長二尺八寸地中に入ル事いまだ詳ならず、土際の幅七寸七歩、横五寸六歩、上の前幅六寸四歩ばかりに切りかぎあり、昔此石に長門ノ舟つなぎたりと云」とある。久留米市教育委員会編『郷土の文化財（第七版）』二〇一三所収「碇石」参照。

（5）『校訂筑後地誌叢書』筑後遺籍刊行会、一九二九所収（歴史図書社、一九七七復刻）

（6）久留米市大橋町常持字内畠所在の神社であり、印鑰神社の境内神社である。祭神は罔象女命《みずはのめのみこと》、安徳天皇、平清盛、二位禅尼とされている（大日本神祇会福岡県支部編『福岡県神社誌』中巻、防長史料出版社、一九八八）。

（7）杉山正仲・小川正格『校訂筑後志』本荘知新堂、一九〇七（久留米郷土研究会、一九七四復刻）

（8）水天宮『水天宮神徳記』一八九七

（9）註2と同じ

（10）山中耕作「待宵の小侍従伝説考」（伝承文学研究会編『伝承文学研究』十二、三弥井書店、一九七一）

（11）松村一良「筑後国府の調査」（『古代文化』第三十五巻七号、古代学協会、一九八三）。松村氏はこの論文で『延喜式』による推定官道を復元されているが、上妻郡における平家伝説の遺称地はこの官道沿いに分布する。

（12）壇ノ浦で敗れた平家の残党は各地に安住の地を求めてさすらい、六人の落人は肥後から筑後へ、そして柳川の沖端に留まり、武士を捨て漁師となった。これを付近の人は尊敬して「六騎」と尊称したと伝わる（篠原木南〔正一〕『三潴・柳河めぐり』菊竹金文堂、一九三六）。

（13）石井保麿「竹野郡田主丸町開基之覚」（『久留米郷土研究会誌』第十号、一九八一）

（14）註2と同じ

（15）石井進「一二―一三世紀の日本　古代から中世へ」（『岩波講座日本通史』第七巻、一九九三）

（16）『吾妻鏡』文治二年七月二日条

(17)『寛文十年久留米藩寺院開基』久留米史料叢書第七集、久留米郷土研究会、一九八二所収「山本郡山本山普光院観興寺開元衰微之次第」

(18)註2に「筑後楽由来」が翻刻・紹介されている。

(19)瀬野精一郎編『南北朝遺文』九州編第一巻、東京堂出版、一九八〇、一二一・一二二号文書

(20)瀬野精一郎編『南北朝遺文』九州編第五巻、東京堂出版、一九八八、五一四一・五一六三・五一六四・五一六九・五一七〇・五一七一号に八丁島御陣の記事がある。

(21)『久留米市史』第七巻資料編古代・中世、一九九二所収「草野文書」三十九号文書

(22)『久留米市史』第七巻資料編古代・中世所収「岩橋家記録」

(23)『久留米市史』第七巻資料編古代・中世所収「鏡山文書」五十一号文書

(24)古賀正美「安武海津城下町の研究」第二節「安武古町の市恵美須」(久留米市教育委員会編『安武地区遺跡群Ⅷ』久留米市文化財調査報告書第八十七集、一九九四)で三井郡の五日市は八丁島に開かれたことを論証している。

(25)『寛延記　久留米藩庄屋書上』久留米史料叢書三、久留米郷土研究会、一九七六。『寛文十年社方開基』では天神三社と池王が紹介されているが、『寛延記』では天満宮三社と池王が報告されている。天神も菅原道真の神霊とされており、筑後では天神と天満宮の違いは明瞭ではない。

(26)「八丁島の御供納め」(『久留米市史』第五巻第五章第二節、一九八六)。久留米市教育委員会「宮ノ陣町八丁島天満宮『ごくおさめ』」(『久留米市文化財調査報告書』第二集、一九七〇)。篠原正一「筑後の伝説集」(『郷土研究筑後』第三巻七号、筑後郷土研究会、一九三五)。

(27)註25と同じ。「御旧知高帳」によれば、天明三(一七八三)年段階では村上家は八丁島村に知行はなく、岡田頼母(高八百石)などが八丁島に知行を有していることから、享保十七年に知行替えがあった可能性がある。

(28)註7と同じ

あとがき

昭和四十七（一九七二）年、熊本大学法文学部文科に入学し、二年生で国史学研究室に入った。森田誠一先生、井上辰雄先生、工藤敬一先生が研究室を運営されていた。その中で、森田先生のゼミでは煙草を吸っていいぞと言われたのは驚いた。工藤先生は三十代後半であったと思うが、石母田《いしもだ》正『中世的世界の形成』の講義を受けたように記憶している。当時、私は領主制論という言葉は知っていたが、理解できていなかったと思う。夏休みの課題である『中世的世界の形成』についてのレポートの提出に苦労した覚えがある。

二年生後半から、研究室との関係は希薄となっていった。五回生で再び戻り、早く卒業をと単位を取ることに汲々とした時期を過ごした。また、当時、地元での「筑後考古学研究会」の活動が面白く、卒論も八女古墳群を舞台とした国造制の論文を提出し、中世史を深く学ぶことはなかった。卒業後、多くの方に、工藤先生から学ばれているなら中世史には詳しいでしょうと言われることがあった。もちろん中世史の単位はとったが、中世という時代を大まかにでも理解できていない、とんでもない学生であった。

卒業後、多くの人に支えられ、久留米市の文化財関係職場の臨時職員、後には久留米市史編さん委員会の嘱託職員となり、歴史関係の仕事をさせてもらった。市史編さん室で古代・中世・近世の資料編の編集・刊行に携わることができ、多くの史料に触れることができたことは、現在まで財産になっている。

昭和五十七年、久留米市に埋蔵文化財発掘調査員として採用されて、一から考古学を勉強することになったが、先輩・同僚に恵まれ、どうにか乗り越えることができたと思う。当時の職場は文献分野からの卒業生は私一人であり、中世・近世の資料などについて何やら聞かれることがあり、自分の知識の浅薄さにあきれ果て、中世・近世の文献を読み始めたのはこの時期からであった。近世文書の解読能力を高めようとしたのも、この頃からである。

また、埋蔵文化財の調査報告書に中世・近世の視点から、原稿を書くことを求められることがあり、何冊かに執筆することができた。職場で自分の立ち位置を得たように感じ、勇気づけられた。今回の「鬼と権現」の小論は、それらの一つである。

今回は「中世久留米の社会と宗教」というテーマで、中世という時代の地域史をまとめてみた。「まえがき」に述べたように、思いだけが先走り論拠も貧弱である。批判をいただくことで学んでいきたいと思う。

前著に続き、海島社の田島卓さんに全体の構成や内容について多くの助言を受けた。記して謝したい。

今回も、久留米市文化財保護課の水原道範・小澤太郎・穴井綾香さんには史料・写真の提供など、大変お世話になった。また、佐賀県の吉野ヶ里町、みやき町、鳥栖市、基山町の教育委員会の各位にもお礼を申し上げる。観興寺御住職中嶋道成師に『観興寺縁起』について触れることを許され、また国分寺御住職中川透冴師には拝観許可及び資料の提供を受けた。お礼を申し上げたい。

二〇二三年五月十五日

古賀正美

古賀正美（こが・まさみ）
1953年２月、福岡県八女市福島生まれ。福岡県立福島高等学校卒業。熊本大学法文学部文科国史学専攻卒業。1982年、久留米市役所入所（埋蔵文化財発掘調査員）。2013年、久留米市役所退職（文化財保護課長）。現在、久留米大学非常勤講師、八女市文化財専門委員会委員、久留米古文書を読む会代表。著書に『久留米城とその城下町』（海鳥社）がある。

鬼《おに》と権現《ごんげん》
中世《ちゆうせい》久留米《くるめ》の社会《しやかい》と宗教《しゆうきよう》

■

2023年６月１日　第１刷発行

■

著　者　古賀正美
発行者　杉本雅子
発行所　有限会社海鳥社
〒812-0023　福岡市博多区奈良屋町13番４号
電話092(272)0120　FAX092(272)0121
印刷・製本　大村印刷株式会社
ISBN978-4-86656-146-2
http://www.kaichosha-f.co.jp
［定価は表紙カバーに表示］